La fin du malheur français ?
Un nouveau devoir politique

Nicolas Tenzer

La fin
du malheur français ?

Un nouveau devoir politique

Stock

Parti pris

Ouvrage dirigé par
François Azouvi

Couverture Claire de Torcy

ISBN 978-2-234-06497-3

Sortir de la politique ?

La sûreté de soi et l'affirmation péremptoire dans le jugement concernent en France le plus souvent les extrêmes et leurs mimes. Cela peut expliquer l'aisance avec laquelle ils parviennent à devenir populaires, alors que le doute, l'hésitation, la crainte d'affirmer ses valeurs et l'incertitude quant à la trajectoire à suivre caractérisent une pensée plus démocratique et surtout plus libre. Or, si le refus du simplisme est un élément-clé de la maturité politique, la capacité d'exprimer une voix claire est nécessaire au débat public. La « pensée complexe », qui touche des domaines aussi variés que la laïcité et le rapport aux religions, les mœurs, le multiculturalisme et la République, les contenus de l'école, la justice sociale et la sécurité, a obscurci nos idées. Le fait que ne soit opposée à cette pensée qu'une forme nationaliste et dévoyée de républicanisme, l'anticapitalisme et, pire encore, la pensée ultrasécuritaire et raciste, place le débat politique dans une ornière. Elle conduit à une alternative suicidaire entre le trop simple et le trop compliqué, deux formes également perverses de l'accommodation avec l'impuissance. Si la politique ne peut transformer les choses de manière aussi radicale que je le pensais jadis et qu'on feint toujours de le croire en France aujourd'hui, abandonner cette perspective renforcerait encore un certain malheur politique français dont, faute d'en poser les termes dans l'ordre intellectuel et politique, on menace de ne pas sortir.

Ce sentiment de malheur, dont il existe des raisons objectives liées au chômage, à la déséducation et à notre impression d'affaiblissement devant le monde, ne peut être rédimé par des « mesures ». Il faut revenir à son soubassement premier qui tient à la manière dont on écarte, dans le débat politique courant, les interrogations sur le substrat à la fois de notre communauté politique et de notre capacité à construire l'avenir. Cet ouvrage puise son origine dans une colère quant à la manière dont les termes du débat sont posés. Sans doute n'est-elle pas différente de celle que j'avais devant les errements qui caractérisaient la scène politique il y a vingt ans. J'ai toutefois la conviction, liée à ce que je constate à l'extérieur de nos frontières où je travaille la moitié du temps, que notre place relative dans le concert des nations se détériore au point de risquer un non-retour. Le potentiel de la France dans le monde, non seulement pour elle-même mais par la capacité qu'elle a d'y apporter quelque chose, pourra bientôt ne plus être. À cela s'ajoutent l'ampleur de la désespérance sociale et le retour à des formes de haine politique qui me font, même si je pouvais déjà l'éprouver jadis, écrire avec un sentiment d'urgence. Ce n'est pas parce que les points de non-retour ne sont pas apparents et malaisés à établir avec une temporisation précise qu'ils n'existent pas.

J'ai longtemps estimé qu'un certain esprit épique, tourné vers le monde plutôt que vers les petits problèmes quotidiens liés à soi, était une nécessité. Cet esprit civique, propre aux modèles républicains classiques, n'était pas pour moi une question de panache. Il devait gouverner les mœurs publiques et l'action concrète. Pour qui parcourt le monde, le dépassement de soi, de sa région, de sa culture et de son pays par des objectifs larges, même si c'est afin de mieux servir sa patrie, est une contrainte naturelle. Il y a une dynamique du monde qui éloigne du souci de soi et oblige à voir grand. Pourtant, la réalité de la société, la nôtre comme la plupart des autres, est différente. Combien sont prêts à regarder d'abord le large ? Combien en ont la possibilité matérielle, sans évoquer leur faculté intellectuelle ? Alors que mon métier me conduit à mobiliser autour d'un projet à l'échelle du monde, je sais qu'il faut revenir à la réalité des aspirations, des craintes et des espérances.

DÉPLACER LES DÉBATS POLITIQUES

La France est assez représentative des tendances futures des sociétés mondiales, alors que sa politique reste nouée à un modèle ancien. C'est une société plus exigeante, plus lucide, plus mobile, plus encline à changer, en partie plus tolérante, et en même temps oublieuse de l'histoire, protestataire, moins réflexive, arc-boutée sur des privilèges anciens dont on a perdu l'origine et qui ne correspondent à aucune utilité sociale. Elle est apolitisée, car elle est figée dans le court terme et sceptique sur l'apport du politique, et très politisée, par la permanence de ses attentes à l'endroit du politique, son besoin de références historiques et son souci de justification permanent envers le passé. La puissance du collectif n'y est pas incompatible avec la faiblesse de la communauté. Le culte facial de l'individualité par la mode, le commerce et, indirectement, le discours de la différence, se combine avec une absence de valorisation de cette même individualité. Nul ne comprend ce pays s'il ne perçoit pas la coexistence de ces contraires et s'il ne voit pas que *la* société française dont on parle parfois n'existe pas. Les divisions sur le rapport au passé et au futur, à la culture et à l'action y sont multiples.

On ne compte plus les ouvrages et les articles qui entreprennent d'illustrer le « problème français » sur les plans économique, social, politique, culturel et institutionnel. D'autres entendent aussi le relativiser et trouvent maints exemples de pays où les choses vont plus mal. On pourra mettre en exergue des exemples probants de réussite qui corrigent le dénigrement de notre pays, le *French bashing*. Cet ouvrage entend revenir aux faits pour renvoyer dos à dos critiques radicales et dénis de malaise, avec une perspective centrale : comment faire pour que cela aille mieux ? Car c'est une possibilité. Or, la France pâtit d'un curieux *processus d'autodestruction* qui frappe quasiment tous les domaines d'activité et qui concerne la plupart des institutions publiques et civiles. Pour qui revient souvent de l'étranger et retrouve un effet de surprise, pour qui entend aussi fréquemment les lieux communs habituels qui sont professés ailleurs sur son pays, depuis ses blocages corporatistes jusqu'à sa faible préférence pour le privé, l'interrogation devient urgente et nécessaire sur ce qui relève du poncif ou de l'idée reçue et de ce qui ressortit à une certaine vérité. Mais il y a là un effet de composition. D'un côté, des éléments d'ensemble forgent l'image d'un pays. Ils sont pour une part indépendants de la politique conduite par ses dirigeants. D'un autre côté, mille facteurs de détail rendent compte de chaque attitude, de multiples réalités contrastées, de comportements individuels qui s'agrègent et fournissent des explications, sinon des justifications. La vision d'ensemble ne permet pas de comprendre ce qui se passe, effectivement, dans le pays, tandis que l'approche par le détail rend peu intelligible le résultat d'ensemble. Or, ce sont rarement les mêmes esprits qui considèrent l'un et l'autre, y compris pour des raisons politiques. Le collectif n'est que peu porté par les acteurs individuels, même s'ils finissent par en avoir la nostalgie.

La perspective adoptée ici est politique et extérieure à la politique. Politique, car dès que l'on analyse un pays et qu'on tente de trouver une solution à ses maux, on fait de la politique ! Extérieure à la politique, car l'analyse ne porte pas sur l'action du gouvernement, les orientations décidées au plus haut niveau de l'État et les projets partisans, mais sur les traits fondamentaux de la vie politique, économique et sociale en France qui dépassent l'histoire et les querelles immédiates. Cet ouvrage opère un déplacement.

Une telle problématique se retrouve dans la confrontation entre un camp, pour aller vite, plutôt investi dans la modernisation économique, et un autre opposé à ce processus et plutôt sensible aux garanties. Cette querelle entraîne une focalisation entre un prétendu libéralisme ultra – qui, d'ailleurs, est peu libéral – et une extrême gauche, qui exerce une contamination d'une partie de la gauche classique, vouée à une contestation tous azimuts. Sur un autre plan, on assiste à des débats tout aussi factices entre l'indifférence aux inégalités et une théorie de la reproduction qui fait tout pour ne pas les réduire, entre la préoccupation première pour l'économie et l'attachement aux garanties sociales, entre la fin de l'oppression par le travail et la nécessité d'augmenter la masse de travail, collectivement et individuellement, pour accroître notre richesse. De telles oppositions absurdes se retrouvent dans le débat sur l'école depuis plus de trente ans, dans celui sur la sécurité, la laïcité, la république, la nation et le rapport à l'Europe et au monde. Ces débats faussés constituent un obstacle à l'action. On se tromperait en n'y voyant que l'effet de multiples idéologies tendant à dissimuler la réalité. Ils proviennent plus des rapports de force et de la volonté de chaque groupe de défendre son pré carré lorsque la synthèse politique fait défaut. Cette synthèse, qui a lieu de manière plus ou moins efficace dans l'action gouvernementale, aboutit à un point d'équilibre peu satisfaisant pour tous. En revanche, à force d'engager le pays dans des confrontations stériles, il devient impossible de régler les problèmes de façon pragmatique et de prendre des initiatives qui dépassent cet équilibre moyen. Tout changement est dès lors empreint de radicalité et de déformation. Pour chacun, la crainte principale est de bousculer un système de non-dits somme toute intériorisé et d'imaginer un autre système, non représentable.

Pourquoi la France détruit-elle de la valeur ?

Devant une scène politique et médiatique marquée par des débats abstraits, ce malaise, sur fond d'investissement excessif sur le politique, se manifeste avec des conséquences sur la réalité, c'est-à-dire sur la capacité des acteurs économiques et intellectuels à créer de la *valeur*. Cette incapacité à créer se constate aussi sur l'incapacité de la classe dirigeante et des centres d'aide à la décision, plus faibles qu'ailleurs, à élaborer une stratégie – c'est pourquoi nous consacrons un chapitre à la prise de décision, question peu fréquemment abordée. Il existe un lien entre cette incapacité à se projeter de manière opérationnelle dans l'avenir et ce processus de destruction. Il conviendra d'analyser pourquoi la France, prompte à manifester un certain « nationalisme », doux ou exacerbé, est incapable de définir l'intérêt national et de donner un sens au patriotisme – évidence ailleurs.

Tel est le malheur français : détruire la valeur des personnes, qu'elles travaillent dans la sphère économique, politique ou intellectuelle. Il existe des obstacles à la création de richesses par l'industrie, à l'invention par les chercheurs, à la résolution des problèmes communs par les administrations publiques, à l'enseignement par les professeurs, au rendu de la justice par les magistrats. Les « blocages » empêchent le pays de bénéficier du réservoir de ses talents et de ses capacités. Ils posent la question du mode de gestion de l'État, des entreprises et de la sphère académique. Le sujet rebattu de la fuite des cerveaux est loin d'être absurde au vu des proportions qu'elle revêt aujourd'hui. La libération de ce potentiel n'est ni de gauche ni de droite. Elle pose la question des institutions politiques, du mode de gouvernement de l'État et des autres institutions civiles et privées, et de la fabrication des « élites », de leur activité sociale et des critères qui gouvernent leur dénomination. Si elle soulève le problème de la responsabilité individuelle – car chacun a toujours la possibilité d'améliorer sa propre action –, elle est d'abord une question collective.

Spontanément, parce que la destruction de la valeur provient, en de multiples sens, du « temps perdu », je rechigne à considérer comme importantes des questions considérées comme telles par certains dans l'ordre personnel ou dans leur groupe d'appartenance. Peu importe que cette attitude soit bonne ou mauvaise, digne ou indigne, acceptable ou non. Mais pourquoi est-elle et que produit-elle ? On doit poser la même question à propos de la presse et de sa hiérarchisation, parfois surprenante, des événements, telle que la révèle le nombre de pages consacrées à chacun. Il faut combattre ce « bruit », qu'il provienne du politique, des médias ou des groupes d'intérêts. C'est pourquoi aussi ce livre n'entend pas traiter de tout.

Un peuple qui ne se représente pas

Peut-être est-ce aussi qu'en France la société ne parvient pas à se représenter elle-même. D'une part, elle est inapte à se saisir pour elle-même dans sa diversité depuis l'effritement de la figure classique de l'État-nation. D'autre part, elle poursuit le projet impossible de se représenter intégralement par le truchement de la variété infinie de ses groupes et de ses catégories. La crise de la représentation, problème politique, est souvent analysée de travers, au nom de la représentativité et non de la légitimité. L'alternative paraît être entre la représentation par les groupes et les catégories, incapable d'atteindre la légitimité, et la représentation globale par le politique ou la scène médiatique, ce qui n'est pas de la représentation dès lors que ni l'un ni l'autre ne donnent à voir la société future souhaitable. Cette situation conduit à gérer les différences, mais sans pouvoir les dire ou en les disant trop, leur faisant jouer un rôle déplacé et impossible. Elle s'accompagne d'un accroissement d'une société de la marge, située en dehors de la politique commune.

Le récit historique mythifié constitue la loi de la plus grande pente. L'histoire française devient un substitut au politique et le legs un succédané de celui-ci. La société se représente comme historiquement constituée et non pas comme société ayant une consistance animée par une intention. Parallèlement, dans un processus lié à la destruction de la valeur, au rebours d'une pensée dominante, nous vivons dans une société peu « individualiste » et qui laisse une place faible à l'émancipation individuelle. La société investit l'État en compromettant son rôle émancipateur. Dans la relation entre les trois termes, État, société et individu, ce dernier est le plus faible. L'État finit, quant à lui, par n'avoir plus de consistance propre. Une société indistincte et ses groupes finissent par occuper la place majeure dans les représentations, mais sans stratégie ni maîtrise.

Si l'on analyse ce que les grandes thématiques évoquées sur la scène publique ont révélé, aussi bien dans les réformes entreprises ou les postures adoptées dans leur cohérence ou leurs incohérences que dans leurs critiques, on s'aperçoit que quelques-unes des questions posées ci-dessus figurent en arrière-plan. Ainsi, la réforme de l'État peut être la meilleure des choses si elle est articulée à des objectifs bien pensés et la pire si elle procède par esprit de système ou idéologie managériale. Sa critique peut être absurde si elle conduit à refuser tout ce qui dérange la routine ou justifiée si elle réclame plus de clarté sur les fins. La réforme des institutions est indispensable si elle rétablit des équilibres démocratiques oubliés et permet de faciliter une action mieux pensée et contrôlée. Elle piétine si elle demeure cosmétique et ne change pas le métier politique. Les aménagements de la justice se justifient s'ils offrent plus de garanties au justiciable et permettent de mieux traquer toute délinquance, notamment celle des plus favorisés. Ils créent la suspicion à son endroit s'ils favorisent son contrôle par le pouvoir et les silences corporatistes sur ses errements. Les réformes économiques vont dans le bon sens si elles renforcent l'outil de production, accroissent la compétitivité de l'industrie et des services et parviennent à créer un marché du travail plus dynamique, tout en offrant des protections aux plus faibles. Elles dérivent si elles ne favorisent que certains groupes d'entreprise, engendrent des effets d'aubaine et nuisent à la transparence. Les débats sur l'histoire et sur ce que nous sommes permettent de nous projeter dans le futur s'ils offrent une vision lucide du passé et affermissent le sentiment de communauté nationale. Ils dérapent lorsqu'ils alternent entre les figures pathologiques d'une coulpe éternelle et d'une amnistie qui traduit l'amnésie et distinguent les citoyens selon leur origine. On pourrait appliquer un raisonnement analogue aux sujets dont on débat fréquemment, de la diversité à la compétition, de la méritocratie à la sécurité.

Sortir du malheur français oblige à rompre avec la suspicion qui gangrène notre pays et, partant, à parvenir à une certaine forme de vérité. Cela suppose que chaque personne et chaque groupe, parties d'une politique, disposent d'une capacité non seulement d'expression, mais aussi de construction d'un projet commun. Certes, nous ne saurions faire droit à deux mythologies : celle du consensus et celle de l'autogestion. Mais le risque est que tant la part la plus souffrante de la société que la plus dynamique se sentent écartées de la scène politique. Car le malheur français est à la fois du côté des plus misérables et d'une partie des plus dynamiques. Opposer les uns et les autres est une faute politique, tant dans sa version de gauche, qui peut faire croire que rabattre les exigences de l'excellence peut guérir les maux sociaux, que dans sa variante de droite, qui fait croire que la compétition universelle peut seule tirer la société. Les deux alimentent la défiance et la division. Il est temps d'établir des institutions politiques et une constitution sociale qui instaurent l'équilibre de notre société et lui rouvrent l'avenir.

Bien des errements qui gangrènent notre pays sont certes dénoncés depuis longtemps. Bien sûr, il est des réformes compliquées et prétentieux seraient ceux qui estimeraient aisé de réduire fortement le chômage, d'obtenir vite des résultats dans la lutte contre la délinquance et de prendre immédiatement des mesures radicales pour l'environnement. Mais la fatigue française provient moins de l'insuccès des réformes compliquées que d'un sentiment de répétition et d'impuissance devant des maux simultanément plus profonds et plus aisément corrigeables. Qu'est-ce qui a empêché de soigner l'école, de corriger les inégalités les plus insupportables, de rendre plus difficiles les abus qui alimentent la défiance, de donner une cohérence accrue à notre système institutionnel et administratif et de restaurer un sentiment accru de justice, base de la confiance ? Si cela n'a pas été fait, des raisons existent certes. Mais je ne les crois ni sérieuses ni indépassables.

I

FACE À FACE,
CONTRE TOUS, CONTRE TOUT

L'un des paradoxes de la société française réside dans la coexistence d'un besoin d'unité et d'une division fondamentale. Le premier conduit les Français à se vouloir membres d'une communauté nationale, héritage d'une pensée révolutionnaire nouée à la République et d'une passion politique qui conduit à balayer les appartenances communautaires. À partir du moment où il y a attente d'une politique nationale et où les groupes d'intérêts sont dévalorisés dans l'imaginaire collectif, la politique est censée être conduite au nom de tous. La mythologie de l'intérêt général y amène parallèlement. Mais cette unité avait aussi la nature d'un couvercle : la laïcité qu'elle exprimait conservait intact le problème des valeurs ; la notion d'intérêt général empêchait sa définition concrète et laissait dans l'ombre la question de ses porte-parole. Cette unité n'a jamais entravé l'existence de groupes, voire d'institutions, porteurs d'intérêts particuliers d'autant moins contrôlés qu'ils étaient censés ne pas exister.

La division de la société est pourtant plus apparente, marquant de son empreinte les débats sur les réformes. Il est de plus en plus question non seulement d'intérêts opposés, mais aussi d'inégalités illégitimes et d'injustices dans les charges et dans les bénéfices. Chacun se compare et se jauge. Les inégalités liées à la naissance accentuent celles du sort. Le mythe de l'unité nationale et sociale est d'autant plus fortement ébranlé que nous sommes entrés dans l'ère de la mesure universelle. Dès que l'on est dans la mesure – y compris de la performance de l'école, de l'hôpital et de l'administration –, on perçoit la force de la différence et on peine à en comprendre la justification. Ce sentiment d'injustice anciennement ancré va de pair avec une obscurité du fonctionnement social et des règles du jeu. Les cas les plus excessifs, montés en épingle sur le plan médiatique, renforcent une appréhension de la société comme divisée. Or, l'injustice ne concerne pas essentiellement l'exceptionnel et le démesuré, aussi insupportables soient-ils, mais bien des situations communes.

pays violents aux affrontements communautaires réguliers, notre société paraîtra pacifiée. La marginalité engendre, parce qu'elle est marginale, une révolte stérile. Et cette révolte stérile est liée à un réformisme limité.

Le paradoxe du conservatisme est qu'il suscite sa contrepartie qui fait son jeu. Cette opposition reste conservatrice dans son attitude incantatoire ou le devient par le cynisme devant son impuissance d'action sur le monde – ce fut parfois aussi la tentation de la gauche. Ce qu'on pourrait lui reprocher n'est pas d'avoir abandonné ses rêves impossibles, mais ses idéaux possibles, tant en termes de vertu publique que d'efficacité dans l'action. Le problème de la France est moins le rationalisme que le tronçonnage des problèmes et l'idée que la loi suffit à changer les choses, ce qui signifie une indifférence devant les effets de l'action sur le monde. Aussi est-il inexact de parler de pays idéologique. Au contraire, la France est un pays pragmatique, plus que les États-Unis, où les présupposés idéologiques gouvernent une partie de la droite politique. Ce pragmatisme va toutefois de pair avec une incapacité stratégique et une absence de vision à long terme. Aux déviances de l'idéologie répond la limitation d'un pragmatisme noué au court terme.

La France est un pays qui joue sur l'affectif – de la fraternité au *care* – et voit la société comme tour à tour menaçante et compassionnelle. La République rationnelle va de pair avec le désir d'une communauté chaude impossible dans une société de divisions. La France laïque cherche une âme ; elle a une surprenante révérence envers la religion et le spirituel pour une société laïque. Cela en dit long sur son désarroi et son impréparation pour agir. La France, par son histoire et sa réalité politique, cultive une attitude de passivité, de jeu et de fuite, ce qui désigne le même tourment.

Or, cette société de la marge s'accroît. Elle n'a pas besoin de compassion, d'amour, de soin, ni d'une indignation stérile – même si j'ai utilisé depuis longtemps ce terme, dévoyé par un usage indistinct et incantatoire. Elle a seulement besoin d'un diagnostic large et d'une politique. Cette société de la marge est multiple et ne saurait être appréhendée à la lumière d'une seule focale. Certes, elle comprend les « exclus » traditionnels, les travailleurs précaires et pauvres, les chômeurs de longue durée, jeunes ou âgés, ceux qui ne peuvent partir en vacances et trop souvent se soigner, ceux qui ne savent pas lire ou écrire, ou guère, ceux qui ont perdu toute estime de soi, ceux qui ne parviennent pas à nourrir correctement leurs enfants, ceux pour qui la progression du mois crée une angoisse tenace de ne plus pouvoir le finir, ceux qui vivent dans des logements inconfortables, sales, bruyants, exigus, ceux qui sont le plus en proie à l'insécurité. Le constat a souvent été fait : la misère sociale existe en France et nos institutions témoignent par là d'une faille profonde et ancienne. Ceux qui la vivent ne se révoltent pas ou guère. Les révoltes en leur nom, sincères ou tactiques, qu'elles désignent les riches, le néolibéralisme, le capitalisme financier, l'euro ou même l'Europe, le libre-échange ou la mondialisation, ne témoignent que de l'insignifiance et de la même indifférence au concret que celles des élites qu'elles dénoncent. Traiter ces problèmes ne conduit pas seulement à remettre en cause les positions des plus nantis ou des plus protégés, mais aussi notre manière de penser la politique et d'en faire. C'est revoir les idéologies scolaires, l'organisation de notre Sécurité sociale, les priorités de notre dépense publique, le rapport entre les institutions et les familles, le contrôle social dans sa dimension positive d'accompagnement, les règles de formation des salaires. Ce n'est pas être plus dirigiste, accroître le poids des prélèvements obligatoires, opérer une intrusion de l'État dans la vie quotidienne, mais d'abord définir des objectifs et discuter publiquement des moyens. Autant le *care* est de peu de portée comme principe moral, autant l'idée sous-jacente – il faut prendre soin de chacun – peut révéler une conception juste de l'action publique : il s'agit de traiter chaque personne dans sa singularité et sa totalité. La personne, surtout la plus démunie, ne doit plus être fragmentée en mesures liées à chaque problème qu'elle rencontre et devenir le client de multiples services, mais être aidée à redevenir une personne pleine et entière, dotée d'une volonté libre. Il faut ainsi réfléchir à ce qui fait qu'une personne parvient à se définir comme titulaire de cette liberté. Car la société de la marge est aussi l'emprise du collectif – d'une collectivité qui se brutalise et se marginalise en faisant des anonymes.

Mais cette société de la marge n'est pas que cela. C'est aussi une partie croissante de la société qui ne sait que réagir et qui n'a plus une claire notion des valeurs fondamentales qui sont les siennes. C'est une société égarée, une société qui a perdu le monde en même temps que la faculté de générosité. C'est une société qui a renoncé à penser la politique comme un outil au service d'un destin ouvert. Cette société-là, à la marge du politique, mais trop nombreuse pour être statistiquement marginale, est une société qui sombre vers un extrémisme à visage humain. Ce n'est pas une société faite de gens *a priori* méchants ni mauvais, mais une société de gens perdus, riches ou pauvres. Dans l'histoire c'est de cette société qu'est venu le mal politique.

LES ÉLITES ET LA DESTRUCTION DE L'UNITÉ FRANÇAISE

Que, dans cette situation, la responsabilité des élites soit première, la cause est entendue. L'attitude la plus répandue chez celles-ci est le déni de réalité. Il existe une volonté de ne pas savoir de la part des élites, qui a abouti à une faiblesse, du côté de l'État, de la construction d'instruments de connaissance sociale. Le problème des élites n'est pas qu'elles soient différentes, au sens de « plus riches », « plus proches du pouvoir », connaissant mieux les circuits pour obtenir privilèges et avantages et étant mieux formées, mais que leur discours sur le monde soit orthogonal à celui de l'essentiel de la population. Alors qu'elles devraient porter la parole de ceux qui ne peuvent s'exprimer, non faute de liberté, mais de capacité énonciatrice, leur discours exprime une vision du monde et de la société dans laquelle quasiment personne ne peut se reconnaître et qui paraît le contraire de la réalité.

L'une des conséquences de cet éloignement d'avec le réel est la propension sociale, en réaction, à briser ce qu'on appelle de manière inexacte des « tabous », qui constituent souvent des principes fondamentaux sur lesquels s'appuie toute société démocratique, et qui risquent de ne plus être perçus comme tels. Cette révolte populaire contre les élites, qu'on qualifie du terme trop englobant de « populisme », est indissociable d'un discours et d'un comportement politiques potentiellement ravageurs. Ils conduisent à la réintroduction de la réalité vécue, qui passe par la contestation de la réalité dite par les élites, ce qui ne saurait faire l'objet d'une condamnation de principe, au contraire. La leçon de base est que la réalité perçue et ressentie est première et que le pire danger est de s'en écarter. La dimension individuelle du politique l'emporte toujours sur sa formulation à partir d'éléments collectifs et globaux. Cet écart dans les perceptions et les analyses explique le tempérament frondeur d'une partie de la population. « Fronder », c'est aussi le moyen de rétablir un autre discours et pas seulement une façon de contester quelque chose. Ce n'est pas dire uniquement « nous n'acceptons pas ceci ou cela », mais ses prémisses. Rien de cela n'est insensé, absurde ou malsain si ces prémisses font partie des questions qui peuvent être raisonnablement discutées dans le cadre d'un débat politique au sein d'une société démocratique. Mais lorsque la défiance devient totale, ce qui constitue les bases du pacte fondamental est suspecté et analysé comme une manière d'empêcher la « vérité » d'apparaître et d'asseoir sa domination. Ce qui fait le sens commun démocratique disparaît dans une société dont les règles de base sont bafouées par ceux qui devaient en exprimer les fondements. Car cette critique radicale des élites a aussi pour noms nationalisme, antisémitisme, haine de l'Europe, « racialisme », refus de la loi et contestation de la démocratie représentative.

Certes, à l'origine il semblait surtout exister un problème de mots, qu'exprimaient la distance dans le langage utilisé et l'hétérogénéité des références employées. Ce cauchemar des mots réside dans l'incompréhension de ceux utilisés par les « élites » et dans l'incapacité de ceux « d'en bas » de répondre, faute de maîtrise d'un nombre suffisant de mots et d'expressions – d'où la violence et le rejet de la société. Ce problème éducatif et intellectuel a des conséquences politiques. Ce sentiment d'étrangeté du monde décrit se transforme en irréalité, puisque ne peut être réel ce qui n'est pas perçu comme tel. Pourtant, cette analyse manque l'essentiel de la distance politique. Si elle se résumait à un problème de langue, les hommes politiques et les élites pourraient être réputés avoir trouvé la solution. Il suffit d'écouter le discours d'une partie de ceux-ci pour constater que la distance du langage existe de moins en moins, mais que l'écart de la compréhension et dans la perception des mêmes choses, lui, s'agrandit. La proximité de l'apparence accroît le caractère insupportable de la distance sociale et rend *a priori* illégitime ce proche si différent pour exprimer un propos global et cohérent sur les valeurs. Le problème n'est pas la représentativité des élites et leur certificat d'appartenance, mais leur capacité de tenir leur rôle et de porter l'unité d'une société.

Dès lors, la question réside tant dans la distance que dans son absence. La propension des hommes politiques est celle d'un croisement inquiétant des attitudes : d'un côté, il s'agit de feindre l'écoute et la proximité, de l'autre, le fait est que l'on continue à nourrir des institutions qui renforcent les prérogatives et les avantages des plus favorisés, quand bien même rien ne les justifie, malgré quelques mesures cosmétiques rendues indispensables par les scandales les plus récents. Cette première dimension se caractérise par une forme de réinvestissement du politique vers le « peuple », mais réinvestissement panique. Il explique les incertitudes accrues dans les votes et la volatilité de l'opinion, désarçonnées à la fois par l'absence de lignes directrices et par un discours qui singe ses préoccupations. Or, plus le discours est proche du peuple, moins il est susceptible de nourrir l'espoir. On tente « d'essayer » celui qui le tient, puis on le rejette par nécessaire déception, et la tendance est de chercher plus radical, ce que l'absence d'intériorisation dans une partie du peuple des principes fondamentaux facilite.

Ce qui manque le plus est l'absence de distance. Faut-il rappeler que le peuple n'est pas dépositaire du moyen terme et qu'il ne peut pas l'être ? Tout discours politique cohérent ne peut se fonder sur des perceptions émanant d'abord de la « base », mais doit au contraire exprimer une règle fondée sur un projet. Or, on serait en peine, au-delà des propos généraux, de trouver un tel projet exprimé par la plupart des projets politiques. Tous cherchent à apparaître comme légitimes – ce qui est peine perdue dans ces conditions – par la prise en compte de telle ou telle prétendue aspiration populaire. Or, rien ne permet, sur un mélange d'incantations ou de propositions plutôt réactives, de vaincre l'indécision de l'électorat. Le doute gagne chacun, non seulement parce qu'il ne possède pas les clés pour juger, mais surtout qu'il ne saurait y avoir de reconnaissance ni surtout de confiance. Une forme de dialogue, certes parfois dur, ponctué de coups d'éclat et parfois de révolutions, s'est progressivement brisée entre les dépositaires du pouvoir de commander et d'influencer et la population. Jadis, on pouvait s'opposer au pouvoir et aux élites, mais on ne les méprisait pas nécessairement. Aujourd'hui, on les rejette, mais on ne voit plus à quoi s'opposer frontalement. Ou bien, l'on finit par s'opposer à tout – au différent, au monde dans son ensemble ou à l'Europe.

À l'origine, plus encore que comme cause, de cette absence de faculté d'incarner ce qui fait l'unité du pays, il y a la perte de ce que les élites pouvaient avoir en propre : l'autorité. Celle du savoir fut contestée en premier, mais elle s'est aussi nouée à une crise de l'action. Le savoir ne garantissait pas l'efficacité dans l'action. Au-delà de la mise en cause, générale et culturelle, du savoir en tant que tel et de l'autorité qui pouvait être prêtée à ses défenseurs, la critique a porté sur ce qui était analysé comme une forme d'inutilité du savoir dans la conduite de la société. Dans le climat de remise en cause de la hiérarchie par le savoir – tout a été dit sur la précellence de l'émotion, de la beauté, de la célébrité, etc., sur le savoir –, celui propre à l'action politique fait l'objet de la contestation la plus virulente. Quant à l'absence d'autorité morale des élites, elle fait moins référence à un corpus de valeurs qu'à leurs comportements. Ceux-ci n'avaient nul besoin d'être régentés par un code pour pouvoir être considérés comme licites ou illicites. Toutefois, le problème n'est pas essentiellement ce comportement non conforme à quelques règles politiques fondamentales d'une partie des élites, mais d'abord le fait que, de proche en proche, ces principes n'ont plus structuré la société dans son ensemble. Ni en termes de comportements individuels, ni en termes de valeurs collectives, une forme d'autorité morale n'empêche les dérives. Tel est le plus dramatique : l'absence de freins qu'une société se donne à elle-même.

Sans revenir à ce que nous avions appelé l'assomption des élites par la notoriété qui avait remplacé celle par la connaissance, il faut analyser cette perte d'autorité des élites comme liée au sentiment d'obscurcissement des lieux de pouvoir. Si le problème est en partie l'abus de position qui joue sur plusieurs leviers en même temps, propre au conflit d'intérêts, le privilège injustifié, l'attribut de la fonction qui ne peut que choquer et l'abus de pouvoir au sens juridique du terme, il n'est pas celui de l'excès de pouvoir, mais son contraire exact. Cette perte de l'autorité politique réside d'abord dans le sentiment que le pouvoir, au sens de maîtrise sur les choses, s'est en partie évanoui et qu'il est passé du côté d'acteurs invisibles. Nombreux sont ceux qui citent pêle-mêle les marchés, l'Europe, les multinationales ou quelque invraisemblable complot. Cette critique de l'incapacité d'agir du dirigeant provoque des ravages dans un pays aussi politique que la France.

Il est possible d'imputer aux élites l'essentiel de la responsabilité de cette faille dans l'unité sociale, mais il serait erroné d'y percevoir le seul facteur. Ce qu'on peut le plus reprocher aux élites est de s'être laissé entraîner par le mouvement de la société plutôt que de lui avoir résisté et d'avoir corrigé, par leur attitude et par leur discours politique, cette dissolution des repères qu'elle impliquait. Le premier mouvement qui a porté cet amoindrissement du rôle des élites tient à l'effritement de la vision d'une société organisée en fonctions sociales. Alors que c'était la base de leur justification et ce qui pouvait forger leur légitimité, la déstructuration progressive de la société et la remise en cause des systèmes d'obligations des principales institutions sociales ont fait disparaître l'*ethos* des élites, à savoir leur responsabilité et leur devoir social.

Dans toute société organisée, il existe des responsables. Sont responsables par définition ceux qui ont la charge d'agir dans le cadre des fonctions sociales qui leur sont attribuées. Dans tous les pays, il existe de tels dirigeants ou personnalités marquantes à qui l'on doit des décisions politiques ou économiques, des progrès dans la connaissance ou des innovations dans la réflexion et des évolutions de l'opinion. Or, ces élites ont une position moins assurée qu'auparavant ; elles sont d'autant plus contestées que cette dénomination n'obéit à aucun critère considéré unanimement comme légitime. Les hommes politiques paraissent souvent incapables d'atteindre l'efficacité et parfois sont suspectés de corruption. Les dirigeants d'entreprise sont accusés de chercher davantage à obtenir une rentabilité financière à courte vue et personnelle que de créer les conditions de la prospérité commune. La position des chefs syndicaux est dénoncée comme limitée à une défense corporatiste qui les éloigne de la prise en compte d'intérêts sociaux larges. Les intellectuels se dévoient parfois en cherchant la notoriété et le succès commercial plus que la qualité de leur recherche. Ceux qui usent de la parole dans la sphère publique sont ainsi les plus connus, sans être nécessairement les meilleurs. Les journalistes sont accusés de complaisance envers les différents pouvoirs et d'échanger leur maintien d'une capacité de parole contre une retenue dans leur critique. En somme, les élites paraissent s'autojustifier plus par leurs privilèges que par leurs actes.

Dans toute société aussi, les élites sont considérées comme légitimes à proportion de l'usage collectif qu'elles font de leur position, de l'ambition qu'elles portent pour le pays et de leur capacité à rendre à la société les avantages que leur donnent leur place ou leur fortune. C'est certes, en termes personnels, une question de fierté de soi et de dignité. En termes politiques, cela s'appelle le contrepoids et le contrôle. Pour qui croit, comme moi, aux vertus de l'initiative et craint aussi la défiance qui, en France, l'entoure, il paraît essentiel que l'exemplarité des élites permette socialement et rende acceptable un usage étendu de cette liberté de créer et d'entreprendre. Quand les élites suscitent la défiance, celle-ci se retourne finalement contre le pays qui a besoin dans la politique, l'économie, les arts et l'intelligence, de ces éléments moteurs.

Alors que le devoir qui leur était assigné était jadis assez précis, il ne se définit plus désormais en des termes simples. Les demandes adressées aux élites par le corps social sont multiples et contradictoires ; la propension à critiquer va de pair avec la tentation de s'en remettre à elles. Les démocraties n'ont pas trouvé les instruments incontestables qui permettent de les juger, à la fois comme si elles avaient besoin d'élites et comme si leur existence y était scandaleuse. Elles hésitent devant l'application du libéralisme politique, qui conduit à ne tenir pour définitivement acquise aucune position sociale, et finissent par céder devant le conservatisme. Mais attendre de la société qu'elle produise contrôle et sanction est illusoire : l'histoire montre que les grandes évolutions ont été le fait d'une partie des couches en position dominante. Celles-ci aujourd'hui ont simultanément peur du changement des règles du jeu et, devant la montée des protestations, tout à perdre si elles étaient maintenues.

Cette réalité a rencontré un deuxième facteur, de nature idéologique, propre aux sociétés démocratiques : la perte des éléments de référence politiques et pas seulement sociaux. L'ordre social ne peut plus être hiérarchique, mais il ne peut davantage être essentiellement égalitaire, quelles que soient les aspirations à l'égalité. Dès lors, il devient dichotomique, fonctionnant à la séparation. N'étant plus porté par une doctrine susceptible d'en produire l'explication et la justification, il se caractérise par une domination par construction jugée illégitime et perçue par ses effets aléatoires. Il n'existe plus d'ordre permettant de justifier l'existence d'une domination.

Cette configuration entretient un lien avec l'idée générale de réforme. Le problème n'est pas que la société n'est pas mûre, mais que les élites bloquent souvent les réformes plus que les peuples car elles y voient d'abord leur propre remise en cause. Le mépris de corps délégitime toute réforme. Une faillite intellectuelle du politique apparaît quand la réforme ne parvient pas à dessiner un projet non suspect. Ce n'est pas qu'il faille apporter une réponse immédiate à tout, car il n'est pas de réforme qui parvienne à fournir rapidement des solutions, mais un dessein crédible et acceptable pour le futur.

Les élites sont ainsi, pour partie, à la source du retard démocratique français. En France, où un système élitiste désuet a fait prendre du retard à l'économie, au système d'éducation et de recherche, à la démocratie, notamment locale, et à l'organisation politique et sociale en général, les nouvelles couches montantes des plus jeunes générations commencent à comprendre la nécessité d'une évolution placée sous le double signe du libéralisme et du progressisme. Casser le sentiment d'étouffement devant une propension aux changements limitée au prétexte tantôt de la prudence, tantôt de l'immaturité du peuple, tantôt du pragmatisme et de la « modestie », mettre fin à la domination d'une fraction au sommet et de castes multiples à la base, est devenu une nécessité démocratique. La société est « bloquée » non par elle-même mais par l'action d'un petit groupe, à la fois coupé de la majorité et qui vit tout changement comme une accusation, et dépourvu de la faculté de comprendre les évolutions sociales, faute de capacité de révolte. L'élite tétanise la nation et non l'inverse.

Les exemples de cette situation sont faciles à décrire : absence d'évaluation externe sérieuse dans les universités et les appareils de recherche et système peu transparent de nomination et de promotion, faiblesse du contrôle parlementaire sur l'action du gouvernement, superposition de systèmes de notabilités locales, structuration de la fonction publique en corps dotés de chasses gardées et parfois de prébendes, rôle insuffisant des organes de surveillance et de délibération dans les grandes entreprises, endogamie d'un petit milieu intellectuel, peu ouvert sur le monde et peu alimenté par la production scientifique sérieuse, milieu qui n'a que peu à voir avec la recherche de qualité et internationalement reconnue, relations de complaisance d'une partie de la presse à l'égard du pouvoir économique et politique et de cette intelligentsia limitée, manque de professionnalisme et amateurisme des partis politiques et, conséquence de cela, difficulté à passer à l'acte.

Il faut y ajouter un effet non moins pernicieux : la persistance d'une tendance française à rejeter les élites en bloc, parce qu'elles se présentent, en raison de leurs complaisances multiples, comme indifférenciées et solidaires. Les articles réguliers, médiocres et peu informatifs sur les « réseaux » en disent long sur le mélange de voyeurisme et d'écœurement impuissant d'une partie de la société qui sent, sans les maîtriser, que des jeux de pouvoir vains et stériles se déroulent derrière elle pour que rien ne change. Au-delà d'un populisme constant à l'extrême droite de l'échiquier politique, le développement d'une vague protestataire d'ultragauche, aux associations et aux organes d'opinion florissants, dénonciatrice du conformisme et manquant de propositions alternatives, sans crédibilité ni politique ni intellectuelle, est le signe désespéré d'un sentiment d'enfermement. On a vu combien la réaction à des élites devenues vaines achevait de ruiner l'esprit public.

Le blocage sociologique est tout aussi patent. La France est animée de deux passions contradictoires : la première la pousse à multiplier les catégories et les classifications, héritage de l'Ancien Régime, la seconde la conduit à affirmer un *principe* d'égalité qui joue au détriment de l'égalité réelle. Le premier facteur l'amène à inscrire toute fonction sociale dans un corps ou une classe de personnes, ce qui aboutit à perdre de vue la mission effective emportant une responsabilité propre. L'appartenance à chaque corps, notamment lorsqu'il occupe une position élevée, se mue en un privilège qui dissuade de tout devoir de compte rendu. Quant à l'égalité, elle crée ses effets pervers sous la forme de passe-droits, de mécanismes occultes de sélection et de classifications implicites. Les plus défavorisés, qui n'ont pas les informations et la « culture » nécessaires à la compréhension des règles du jeu, sont les perdants du système. Ce système n'est pas celui de la responsabilité en raison de ce qu'on fait, mais de l'absence de responsabilité en raison de ce qu'on est.

Enfin, le système élitiste tend à accréditer l'idée qu'il n'y a plus de changement politique majeur possible : l'enjeu cesse d'être celui de la réforme de la société, ce qui élimine la question de la redistribution périodique des places, des fortunes et des revenus. La clé de partage concrète des sacrifices qu'impose le fonctionnement démocratique d'une société n'est pas discutée. Les inégalités, les origines de la violence sociale liée à une polarisation des conditions de vie, les rapports de force et la nature du pouvoir sont devenus des sujets tabous. Les problèmes urgents sont d'autant moins traités que la pente naturelle du système élitiste conduit à en minimiser l'importance. L'aboutissement de ce complexe politico-intellectuel est ce que les Anglo-Saxons appellent le *disempowerment,* c'est-à-dire l'incapacité à exercer le pouvoir et à agir efficacement sur la réalité.

Nul groupe particulier ne peut désormais vivre claquemuré dans ses statuts et ses privilèges. Les protections ne peuvent se justifier qu'en fonction d'un devoir social et non en vertu de l'appartenance à un corps liée à une réussite universitaire. Définir pour chacun, en raison de sa fonction dans la société, une responsabilité – y compris du chef d'entreprise vis-à-vis de ses actionnaires et de ses salariés – est le préalable. Une telle évolution de la société française repose sur une synthèse progressiste et libérale, qui allie l'esprit de justice du progressisme et la transparence d'un libéralisme bien compris.

LA FIN DE L'ÉMANCIPATION

Les trois mots de la devise républicaine sont entrés dans une zone de confusion, inséparablement et non pas dans la lutte de chacun avec tous les autres comme il est souvent dit. L'exploration conjointe des trois termes, et non une forme de limitation par chacun des autres, est la base de ce que chacun des trois termes exprimait : un projet d'émancipation. La liberté portait la promesse d'une pensée libre, autonome, dépourvue de toute révérence envers la tradition, la religion et le pouvoir. L'égalité offrait la perspective d'un progrès de chacun, indépendamment de sa situation d'origine. La fraternité produisait un horizon pour une société où, à défaut de s'aimer, chacun se respecterait et se sentirait partie d'un destin commun qu'il contribuerait à forger.

La contradiction est permanente entre la volonté de parvenir à une plus grande justice et à une égalité des conditions et la nécessité de développer une économie qui accorde à tous le bénéfice d'une remise en cause régulière des positions acquises. Pourtant cette mobilité permanente, sans laquelle il n'est pas de société prospère, mais aussi riche en développements intellectuels, est tout autre chose qu'une obligation d'ordre économique. Elle est d'abord nouée au dynamisme propre du corps social et au sentiment que son travail crée de la valeur et est reconnu comme tel. Si cette pensée paraît aussi difficile, c'est parce qu'elle ne peut être mise en œuvre et conçue si n'existent pas en amont les deux idées maîtresses qui font la réalité d'une société prospère et intelligente : la liberté et l'émancipation.

Pour des raisons opposées, droite et gauche butent sur ces deux points : la droite, parce que l'émancipation n'est pas un horizon pour elle, puisqu'elle n'a pas de doctrine fondée sur ce qu'on appelle le « progrès ». Cette impossibilité tronque son amour de la liberté, alors qu'il est la base la plus séduisante de la doctrine d'une partie de ses composantes. La gauche, pour laquelle l'émancipation, nouée à la justice, est un projet constitutif, ne parvient pas à en formuler l'idée parce qu'elle a, pour une partie d'elle-même, remisé au placard ce qui fut, à l'origine, un concept fondateur : celui d'aliénation. La « diversité », figure culturelle de la pluralité politique et sociale, l'a remplacée au panthéon des valeurs nodales. C'est à cette « diversité » que finissent par se réduire l'égalité mais aussi la liberté, qui se réduisent à des concepts plats, sans qualification et sans profondeur. Devenue purement statique, l'émancipation perd sa dimension de projet. Elle fait plus qu'aplatir la liberté et l'appauvrir – littéralement, elle la dépolitise. Elle ruine le projet d'égalité qui était sa marque de distinction classique par rapport à la droite. Lorsque la société des divers remplace celle des égaux, elle balaie la possibilité d'opérer des commensurations ; elle devient un alibi pour, en entravant la naissance d'un critère matériel d'analyse, exonérer la politique de ses responsabilités dans ses échecs.

On parle aussi d'autant plus de représentation qu'on évoque moins la légitimité. Mettre en exergue la représentation ramène toujours le concret aux calendes grecques, car on s'assigne une tâche impossible. C'est une manière de traiter du processus plus que de l'action. Insister sur la légitimité obligerait à se concentrer sur le faire et les résultats qui la supposent. On devrait s'interroger sur cet élément substantiel auquel, dans les temps modernes, la légitimité est nouée.

C'est devant ce triple aveuglement – fin de l'émancipation, remplacement de l'égalité par la diversité, substitution de la représentation à la légitimité – que surgit la pensée républicaine, ambitionnant de lutter, d'un côté, contre le risque de dilution de la communauté nationale par la mondialisation, de l'autre, contre le multiculturalisme vide, qui obstrue la voie vers l'égalité des conditions. Mais dans les deux cas, le républicanisme, tout à son intuition de l'effondrement des principes constitutifs des corpus politiques anciens qui, sous des figures diverses et historiquement contradictoires, ont pu réunir gauche et droite dans un travail conjoint de constitution du politique, a fabriqué un vaccin inactif, faute d'inscription de son action dans les conditions réelles de la société d'aujourd'hui.

Le républicanisme a certes développé une vision de ce qui pourrait représenter une société émancipée sous les deux figures de l'école républicaine et de la participation civique. Pour autant, ces deux représentations idéales de l'émancipation restent formelles, faute de la dynamique concrète qui peut leur donner une réalité. Le républicanisme dégénère par la clôture de ce qu'il institue en ramenant tant son dessein pour l'école que son ambition de régénération politique à la garantie d'une protection sous les auspices de la nation. Dans sa défense des valeurs nationales, la doctrine républicaine finit par confondre l'émancipation par l'école et le modèle français pris tout ensemble, barrant la voie à sa révision, puisque celle-ci reviendrait finalement à le fragiliser. L'émancipation politique ne pourrait que se produire au sein de la communauté nationale, ce qui exclut la dimension d'apprentissage des espaces complexes multilatéraux et de la négociation qui forment pourtant la quintessence de la vie politique et l'horizon inexorable de l'exercice de la citoyenneté. Il en va de même pour l'école dont l'élément salvateur ne pourra venir que de la confrontation avec l'ailleurs du monde.

Ce républicanisme panique acquiert la dimension tragique des causes vaines et des projets irréalisables. Il ne perçoit pas que le cadre national est en grande partie le fruit des échecs mêmes et de l'enracinement en France de tout ce qui contrarie le projet d'émancipation. En renforçant la singularité française, le républicanisme met un point final à l'espérance de changement. Il adore une ombre et en poursuit l'image. Par là, il illustre à la fois son manque de réalisme – et même de sens de la réalité –, mais aussi son défaut de subtilité. C'est une machine qui tourne à faux, mais aussi un mécanisme dont le moteur principal est la répétition et non l'évolution. Il ne parvient pas à juger des choses en fonction de critères construits et élaborés, mais seulement en référence à des idées préconçues et quintessenciées en idéologies plutôt que retrouvées dans la pureté d'une impossible origine.

Mais l'idéologie républicaine n'est pas, en elle-même, une forme pire ou plus inepte que la position diamétralement opposée qui fait, en une surprenante reprise du principe vitaliste, de la conformité à l'éternel présent, de la modernité *par principe* et de la valorisation *a priori* de tout ce qui est, les règles incoercibles de la politique et de la société de demain. Cela n'est pas pire, parfois mieux, dans la mesure où le républicanisme est moins entendu que son contraire. Mais l'un et l'autre, en tant qu'ils opèrent conjointement, constituent par leur interaction la raison réelle de ces conflits frontaux inutiles et vains qui caractérisent le débat français.

L'OUBLI LAÏC ?

On peut discuter de manière indéfinie de la nécessité de conserver dans notre pays la laïcité intacte, de l'opportunité de l'adapter ou de l'intérêt qui s'attache au renforcement des avantages politiques et culturels à donner aux minorités dans le cadre d'un multilatéralisme souple. Ces questions n'atteignent pas l'essentiel qui touche à la fois aux valeurs constitutives d'une société comme la société française et au champ et parfois au degré de diversité tolérable. De ce point de vue, la question est moins individuelle que collective. Rien ne s'oppose à ce que des différences élevées existent entre les individus, dès lors que leur pratique n'est pas contraire aux droits fondamentaux de la personne. Tout autre est la question de la différence collective : il existe un point où l'hétérogénéité des groupes sur le plan idéologique et en termes de comportements ne permet plus aux citoyens d'une nation de constituer une société.

La question le plus souvent débattue de la place de la religion dans la sphère publique est, d'une certaine manière, une question annexe ou partie d'un problème plus général, qui est celui de la constitution de la société par une forme de correspondance permanente, toujours dans l'écart et parfois dans la discorde, entre les individus singuliers et la société en tant que groupe. Cet écart se mesure par la croyance et la pratique religieuses au sein d'une société qui ne se déclare pas politiquement religieuse, mais également par des comportements et des opinions qui sont en discordance par rapport aux principes les plus communément acceptés par une société donnée. La préservation de cette discordance par de multiples aspects est la condition première de la liberté. Une société qui non seulement n'accepterait pas, mais ne chercherait pas à promouvoir, sinon à fabriquer, cette hétérogénéité ne serait pas une société libre. On ne peut toutefois en rester à cette position purement théorique. La laïcité n'est pas uniquement un principe de séparation et d'indifférence, mais une règle constitutive beaucoup plus étendue.

Cet oubli laïc doit être apprécié à travers les principes constitutifs de la laïcité allant au-delà de la question religieuse qui en fut historiquement l'origine. La laïcité ne définissait pas seulement l'interdiction d'une prise en compte des croyances religieuses dans la sphère publique et la séparation de l'Église et de l'État, mais exprimait aussi la précellence d'un choix effectué avec liberté par sa conscience sur un choix opéré collectivement. En cela, la laïcité obligeait d'abord à ce que soit non seulement définie mais aussi forgée cette zone libre de conscience. La laïcité constituait par là un outil de promotion de l'individu avant que d'être un instrument de lutte anticléricale. Il se trouvait seulement qu'à l'époque où la laïcité fut instituée, le risque principal pour cette conscience libre provenait de la religion catholique.

La laïcité exprimait aussi, conséquemment, un bannissement de toute autorité extérieure dans la formation du jugement. Nulle influence ne pouvait être considérée comme supérieure et plus légitime qu'une autre. La laïcité constituait également l'espace politique en tant que lieu où certes les opinions se confrontaient, mais où les opinions étaient censées exprimer des choix politiques construits sur la base d'arguments propres au monde politique et à ses règles spécifiques, et non des opinions dérivées de préférences individuelles ou de croyances.

Enfin, la laïcité énonçait l'idée d'un espace de coexistence non pas entre des groupes différents, mais entre des rassemblements dont les membres pouvaient avoir des croyances différentes, et qui étaient d'accord sur l'essentiel de ce qui rendait cette discussion possible, à savoir la séparation étanche entre les questions politiques et les autres, que chacun s'accordait à laisser de côté et à ne tenir pour essentielles que dans l'espace privé.

Cette synthèse laïque a volé en éclats et renforcé les affrontements possibles au sein de la société. Le premier élément de ce processus a été la dépréciation de l'individu. Au-delà de l'envahissement de la sphère privée par le social, l'individu s'est trouvé dévalorisé par rapport au groupe. Cet individu était défini en référence à celui-là et non pour lui-même. L'individu a été catégorisé comme homme ou femme, homosexuel ou hétérosexuel, juif, musulman ou chrétien, fonctionnaire ou profession libérale, jeune ou « senior », ainsi que par sa catégorie socioprofessionnelle, par son métier et par ses loisirs. Ce groupe était présupposé homogène au-delà de ce que pouvaient être les références propres des individus.

Ensuite, dans un monde où les politiques avaient perdu leur légitimité propre, ont été réintroduites dans le débat public des figures d'autorité, dont le poids était, au rebours du principe laïc, considéré comme supérieures par leur moralité, leur hauteur de vues, leur acuité de jugement, éventuellement leur « représentativité ». Ils ont parfois été nommés en tant que tels dans des institutions de consultation politique. C'est ainsi que des représentants des principales religions constituées et de ceux qui n'en avaient pas ont été désignés dès 1983 au sein du

Comité consultatif national d'éthique. Ces autorités sont également consultées sur une série de problèmes par les pouvoirs publics. En même temps, le débat politique s'est de plus en plus construit autour de l'expression d'opinions singulières, prises comme telles et non comme éléments nourris par des arguments de nature politique. On a considéré que de simples préférences individuelles pouvaient bénéficier du même « statut » que des propos politiques élaborés et travaillés.

Enfin, au lieu de débattre de la finalité de l'action et de ses objectifs ultimes, on a estimé qu'on pouvait tout aussi bien discuter de présupposés et de points de vue personnels, en somme que les revendications individuelles étaient aussi fondées que les projets d'ensemble. Cette situation a laissé logiquement la porte ouverte à l'expression incontrôlée de toutes les prétentions. La confusion s'était installée de telle façon que la question de la diversité devenait l'une des plus conflictuelles dans une société qui avait perdu tous les instruments pour la résoudre.

II

L'ÉTAT AVEC LE LIBÉRALISME :
LE TROU NOIR DE LA DÉMOCRATIE

Au nombre des débats tronqués en France figurent ceux qui tournent autour du libéralisme et de l'État. Les uns ont coutume de prendre l'État pour cible, plus par incantation que pour tirer – heureusement – les conséquences de leurs critiques. Les autres le défendent, mais en confondant l'État et ses agents et en considérant parfois tout examen critique comme une atteinte fondamentale. Alors que le libéralisme des premiers est plus tiède que ce qu'ils semblent annoncer, sa critique par les seconds est indistincte et sans mesure, comme si l'antonyme de l'État était le libéralisme. On aura tôt fait de conclure que, dans notre pays, le trébuchet de la balance penche du côté de l'État, alors que cet État perd en vigueur, en conviction et en capacité d'agir.

Le problème le plus visible de la France est celui de la justice – donc de l'égalité. Mais celui qui sous-tend les autres est celui du rapport à la liberté. Celle-ci se pense uniquement dans l'excès et dans la démesure, dans la revendication comme dans la marginalité, dans la défense d'un intérêt plus que d'un idéal, dans la promotion d'un clan plus que dans celle du sujet, dans la mise en avant d'un groupe plus que dans l'affirmation de l'individu. L'oubli de la liberté n'est pas essentiellement dû, comme on l'a écrit souvent, à la passion de l'égalité, mais à une sourde compulsion à retrouver l'histoire, la racine et l'identité. La liberté est assimilée au chaos, comme si l'on ne parvenait pas à réunir les valeurs collectives et la liberté.

On ne comprend pas la problématique du libéralisme si l'on ne perçoit pas que l'individu, en France, est menacé par la société plus que par l'État. Ce qu'énonce cette proposition a pour fondement un mécanisme fréquent dans les sociétés démocratiques occidentales[1], encore que peu mis en avant sauf par l'École de Francfort et quelques intellectuels, qui ne

---

1. Nous ne parlerons pas ici des sociétés non occidentales où, à première vue, le poids du groupe, de la norme sociale et de la « culture » est plus fort. Peut-être est-il cependant plus visible et évident,

s'applique pas spécifiquement à la France. Le lieu commun le plus rebattu consiste à décrire nos sociétés, et la société française plus que tout autre, comme individualistes. On y voit la conjonction de trois facteurs : un libéralisme marchand aboutissant à l'hédonisme, une désagrégation non seulement des solidarités traditionnelles, mais aussi une érosion de la durabilité des relations d'appartenance et une limitation de la communication au sein des groupes, y compris la cellule familiale, enfin un moindre attachement qu'ailleurs aux groupes d'adhésion, le cadre professionnel d'abord, mais surtout le pays, avec une déshérence du sentiment patriotique, au contraire très vivace au Royaume-Uni, en Allemagne et aux États-Unis notamment, sans parler des sociétés asiatiques. Cette analyse trop rapide, même s'il ne faut pas la rejeter en bloc, oublie le premier risque : celui d'un écrasement de l'individu par la société. Cette menace générale revêt chez nous une dimension spécifique. Elle charrie dans son sillage une multitude de corrections à l'oppression supposée première de l'État. Or, celles-ci ne font que renforcer l'oppression possible

---

ce qui entraîne de la part de ceux qui aspirent à la liberté soit un rejet violent, qui s'en prend aux tabous en vigueur dans ces sociétés, soit une forme de jeu subtil, qui témoigne d'une insurrection de la conscience devant l'enfermement axiologique et normatif.

par le social, c'est-à-dire par les groupes divers qui composent la société. Paradoxalement, le drame de la France est en même temps son manque d'individualisme et son défaut de sens de la communauté.

LUTTER CONTRE LA RENTE : RENOUER LIBERTÉ ET DÉMOCRATIE — VERS UN LIBÉRALISME FRANÇAIS ?

Ni sur le plan théorique, sauf chez quelques esprits extrêmes et faux, ni sur le plan pratique, sauf dans les régimes communistes, l'opposition entre État et marché, ni entre interventionnisme de la puissance publique et libéralisme, n'a jamais été absolue. La réalité est celle d'un dosage subtil entre les deux. Le curseur dépend de l'orientation politique des gouvernements, mais aussi des périodes historiques et des défis auxquels les dirigeants doivent répondre. Il n'est pas d'exemple d'un gouvernement purement libéral.

Il importe de se garder de deux idéologies contraires : celle d'un libéralisme simpliste qui voit en l'État l'ennemi et en la règle l'adversaire, celle d'un antilibéralisme — ou d'un anticapitalisme — qui rejette le marché et les règles libérales qui sous-tendent son fonctionnement. Cinq corrections doivent ainsi être apportées aux présupposés habituels dans le débat français.

D'abord, la puissance publique, seule, peut être chargée, du moins en dernier ressort, du fait que le marché fonctionne bien et que la propriété limite la propriété : nul propriétaire ne peut abolir la propriété d'autrui, ce dont on voit une application dans les lois sur la concurrence, avec l'interdiction des monopoles, la limite des concentrations et la surveillance des offres publiques d'achat (OPA). Le marché a eu besoin de l'État pour exister et briser les entraves et les distorsions qui pouvaient le pervertir. Ces entraves constituaient un risque pour le développement de l'État comme du marché.

En deuxième lieu, l'État moderne et, récemment, l'Europe ont favorisé et développé le marché, avec ses règles et ses contraintes. Le politique est ainsi premier. Le marché est sous sa dépendance. Il n'est pas sa propre fin. Que le marché cesse de fonctionner conformément aux raisons qui ont justifié la confiance qu'on lui portait, et il peut être « corrigé ».

Ensuite, les gouvernants ont mis en place des limites au marché pour se prémunir des déséquilibres. Une économie de marché n'est pas une économie où tous les prix se forment conformément au marché. Il faut éviter que les acteurs arrivent inégaux sur le marché, ce qui justifie la réglementation spécifique du marché du travail. Le marché fonctionne à l'intérieur de règles. Le principe essentiel est la non-distorsion. Chacun doit être soumis à la même règle. C'est l'enjeu de la régulation de la globalisation.

En quatrième lieu, si l'on accepte l'idée que le marché prend toujours place dans un cadre qui lui préexiste et est fixé en dehors de lui, le principal problème n'est jamais le marché mais son dérèglement. Cela se produit quand les institutions de marché et de surveillance de celui-ci ne jouent pas leur rôle : informations insuffisantes ou inexactes, captations d'avantages indus, interventionnisme en dehors de la règle.

Enfin, il faut distinguer le marché réel de l'application de principes liés à sa « philosophie » dans un cadre qui n'est pas intégralement marchand. C'est l'exemple typique de la soumission des services publics aux règles de marché : le « modèle » conduit à analyser les coûts et les prix. Cela ne signifie pas que les services publics doivent devenir intégralement marchands. Cela implique de savoir qui paye pour quoi, quelles sont les contraintes de service public et comment on les compense. Lorsqu'elle a un sens, la concurrence entre les établissements d'enseignement, sur le fondement de critères transparents et d'une évaluation extérieure, avec des garanties d'accès effectives liées au talent, comme des bourses généreuses, ne pourrait que bénéficier aux plus défavorisés. Nombre de missions publiques, en fonction de cahiers des charges précis, peuvent être assurées par le marché. Cela ne signifie pas nécessairement privatiser ou concéder, mais examiner qui est le plus apte à remplir le service public voulu par le politique.

Cela signifie que l'État peut et doit agir et qu'il existe aussi des choses qu'il ne peut pas faire. Quelle que soit l'orientation « idéologique » de ses gouvernants, l'État est le garant du maintien de la communauté nationale fondée sur la puissance, la prospérité et le bien-être. À ce devoir politique imprescriptible et premier doivent céder toutes les autres considérations. Il est comptable de la défense de l'intérêt national et peut et doit intervenir pour le sauvegarder. Cela vaut en matière économique avec la promotion des champions nationaux, la politique de soutien à l'export et le sauvetage d'entreprises menacées. Jusqu'où et comment ? Là s'ouvre un débat politique concret.

Ensuite, un État n'est pas seul, mais se place dans un jeu de compétition et de concurrence entre puissances, y compris sur le plan économique. Cela le conduit *en même temps* à promouvoir les règles de marché – pour être plus efficace et compétitif – et à déroger au marché pur, notamment dans le cadre international. Sur le premier plan, puisque nous sommes entrés dans une compétition générale des États, ni notre défense, ni notre diplomatie, ni notre justice ne peuvent échapper au devoir de répondre de leur efficacité appréciée de manière comparative. Il n'est à peu près aucun domaine où l'État est appelé à agir seul et où une action solitaire ne l'exposerait à des déboires. C'est tout un système de relais qu'il doit organiser. Nul pays fort ne peut opposer ses intérêts publics et privés.

Enfin, pendant longtemps, la question de la justice fut le facteur d'opposition entre l'État et le marché. L'État a dû lutter contre un marché aveugle, centré sur le court terme, indifférent à la société, incapable d'assurer à un coût acceptable pour le plus grand nombre les services dont elle avait besoin. Désormais, les réalités sont différentes. Dans certains cas, la correction des inégalités peut être mieux assurée par le service privé, pourvu que la puissance publique stipule les conditions d'accessibilité à celui-ci, que par un service public dégradé. Les situations de rente, contraires au principe d'égalité, doivent être combattues afin de parfaire la justice. Il existe encore trop d'occurrences où le statut ou la fonction offrent des protections à vie ou des passe-droits qu'aucune utilité sociale ne justifie. L'introduction de principes liés au marché, telles l'ouverture des fonctions, la transparence des résultats, la responsabilité et la sanction, la concurrence dans l'obtention de places, va à la fois dans le sens de la qualité et de la justice. Ainsi, le marché, pourvu qu'il soit organisé, est compatible avec l'existence de protections pour les plus faibles et davantage de responsabilités comme avec une moindre protection statutaire pour les « dominants ». Le marché nous prémunit contre la tentation de laisser perdurer une société à plusieurs vitesses, source de contestations radicales de plus en plus vives, qui met d'un côté ceux qui sont exposés au marché sans pouvoir se défendre et de l'autre ceux qui y sont soustraits et n'ont pas à justifier leur activité pour profiter de leurs privilèges.

Dès lors, le libéralisme comprend des fins extérieures au marché, notamment l'émancipation de l'individu, la prospérité, le développement *lato sensu* qui ne sont pas indépendants de choix politiques et du contexte économique et social. Le principal ennemi du libéralisme – tant politique qu'économique – est la *rente* qui exprime d'abord une injustice et la perpétue, voire l'amplifie. Un État illibéral, symétrique d'une société et d'une économie fondées sur la rente, préfère les arrangements et la préservation de ce qui est au risque et au jugement extérieur.

Ainsi, le libéralisme introduit le marché et la concurrence pour casser les situations de rente, y compris par la confrontation des idées dans le cadre d'un marché mondial et non hexagonal.

Pour renverser une expression connue, la société de marché est plus importante que l'économie de marché. Bien des considérations peuvent temporairement ou durablement restreindre l'application des règles du seul marché à l'économie. Qu'est-ce qui peut limiter l'application du marché à notre société, sinon la défense par les plus favorisés d'avantages sans justification qui tuent la confiance et corrompent le jeu social, chacun étant incité à ruser pour obtenir quelque avantage plutôt que d'agir au profit de tous ? Corriger une sociologie liée aux corps et aux états est ce que nous devons attendre de l'État.

Ainsi, le libéralisme dans son principe est progressiste en ce qu'il promeut l'équilibre et la justice. Il s'oppose au « néolibéralisme » qui pourrait être défini comme un capitalisme sans règles, sans gendarmes et sans principes politiques. Il suppose la mondialisation qui, en tant que principe d'ouverture et facteur d'enrichissement, contribue au bien-être commun. Certes, cette mondialisation doit être régulée et tirer les standards de vie vers le haut. Elle est tout le contraire d'un marché aveugle, d'une « main invisible » et d'un mouvement « dépolitisant ».

Enfin, en tant que principe, le libéralisme, pas plus que le marché, ne résout tout, mais ouvre la discussion sur ce que signifie la liberté, d'abord la liberté de chaque homme – et plus encore, l'émancipation. Il convient ainsi de réfléchir aux perversions « culturelles » d'un capitalisme brut, aux risques pour la liberté de l'explosion d'une consommation effrénée, aux risques de destruction non seulement de la planète, mais de ce qui participe de la dignité de l'homme. Réflexions peu nouvelles, mais auxquelles les tenants du marché comme ses adversaires ont oublié de penser.

La faillite de la démocratie : 1. Le pouvoir

Si la question institutionnelle apparaît comme centrale, c'est qu'elle entretient un lien indispensable avec la démocratie. Or, qui entreprend de traiter de la question démocratique, ne saurait en rester au fonctionnalisme. Ce ne sont pas seulement les institutions qui sont, ou ne sont pas, démocratiques, mais bien la société. C'est l'individu qui a, ou n'a pas, un comportement et un esprit compatibles avec ses règles. Les exigences adressées à la sphère politique et au monde social sont analogues : respecter la vérité, susciter des équilibres afin d'éviter qu'une institution, un groupe ou un courant de pensée domine l'autre, mais aussi empêcher que le pouvoir de faire soit paralysé. La démocratie comporte cette exigence apparemment paradoxale : d'un côté, arrêter et limiter le pouvoir, de l'autre, offrir à celui-ci la capacité d'agir et de transformer. Or, en France, ce pouvoir, qu'il émane des instances publiques ou des institutions civiles et privées, paraît trop peu limité et contrôlé, mais encore marqué par l'impuissance. La crise politique prend sa source autant dans un manque de « démocratie » que dans un déficit de pouvoir et son défaut d'expression au grand jour.

Les institutions françaises rencontrent notre sociologie qui n'est pas politiquement libérale : non-transparence, faiblesse des contrôles et des contre-poids, faveur des arrangements, tels sont les attributs de notre société et de notre monde politico-administratif. Ne glosons pas sur l'indifférence au résultat et sur les apparences de l'agir. Qu'il suffise de considérer les lois non ou imparfaitement appliquées et les lois de façade qui ne changent rien à la réalité et conduisent à une forme de désespoir politique. Démocratie et faculté d'agir *effectivement* doivent être tenues ensemble.

L'un des premiers critères d'une société démocratique est, suivant en cela l'origine philosophique du combat qui fut celui des défenseurs d'Alfred Dreyfus, la volonté de vérité et la capacité de la produire. Vivons-nous dans une société où cette volonté de vérité constitue une valeur ou existe-t-il une forme d'indifférence à la vérité ? Cette question a des conséquences sur le rapport à l'histoire, l'éducation, la relation à autrui et la constitution d'une société capable de produire sa propre justification. On ne saurait la traiter en tant que telle, car il faut faire la part des vertus de la vérité et celle de ses perversions qui réside dans le culte d'une transparence absolue de la société à elle-même. Celle-ci peut aboutir à la disparition de la zone d'intimité des consciences où peut seule se forger la pensée libre. Or, sur le plan politique, la question se pose de la faculté des institutions, là aussi tant politiques que civiles, à produire une telle vérité. Non sans conséquence sur l'efficacité de l'action publique, il existe un problème analogue dans les institutions de la Ve République et dans nombre d'organisations, des entreprises à l'université : allergie française à l'évaluation et au compte rendu et difficulté à établir des contre-pouvoirs forts – ce qui est tout le contraire de la contestation permanente du pouvoir. La question de la vérité soulève celle de l'*équilibre* de la démocratie sur le plan politique et des mandants et des mandataires sur le plan social, entre une majorité et une opposition au sein du monde politique, mais aussi entre le gouvernement et le Parlement de manière plus large, entre les administrateurs et les actionnaires dans une entreprise cotée, entre les services publics ou la « technostructure » et les citoyens, entre l'exécutif local et les assemblées délibérantes, entre les syndicats et la communauté des travailleurs. Cette opposition ou l'absence, souvent, de rapports collaboratifs marqués par la confiance se traduit soit par un silence ou une abstention – le groupe des mandants ou des contrôleurs devient une chambre d'enregistrement ou les citoyens se déprennent de l'envie de poser des questions –, soit par une forme de révolte et de contestation de principe, qui paralyse les institutions, mais ne permet pas l'éclosion de la vérité. On retrouve ainsi le « face à face », y compris sur des sujets aussi sensibles que le nucléaire, qui se traduit par une insatisfaction mutuelle.

Le deuxième critère est celui de la fluidité sociale, sans laquelle la démocratie ne peut pas prospérer dans la confiance et le désir d'action de ses membres. Cette exigence concerne d'abord la société et on ne saurait, sans naïveté, l'appliquer telle quelle aux institutions publiques : même au Parlement, la question de la légitimité est plus importante que celle de la représentativité. La fluidité sociale ne doit pas être rabattue à celle de la « représentation fidèle » et de la « diversité » dans les institutions publiques et sociales. Il reste que des institutions qui confortent la domination de quelques-uns, contribuent à protéger le pouvoir de groupes particuliers et qui sont en partie indifférentes à la question de la vérité ne contribuent pas à cette fluidité des situations. Or, des institutions politiques, mais aussi civiles et sociales, sont considérées comme légitimes à proportion de la justice qu'elles favorisent, de l'efficacité – par rapport à leurs missions – qu'elles promeuvent et du sentiment d'adhésion, sinon de communauté, qu'elles suscitent. Le renouvellement trop faible ou trop lent des élites dirigeantes, la prime à la cooptation, l'obscurité dans les mécanismes de sélection de ses porte-voix constituent un problème constant dans la plupart des partis politiques, dans les instances de représentation privées, dans certaines grandes entreprises, même si leur internationalisation déplace les lignes – sans garantir, pour d'autres raisons, plus de transparence –, et au sein de certaines collectivités locales encore engluées dans les successions dynastiques et la force du clientélisme.

Le troisième critère propre à cet équilibre démocratique tient à l'absence de précellence de l'intérêt national sur les intérêts spécifiques, du moins au sein de l'État. Certes, on ne saurait frapper d'illégitimité tout intérêt particulier dès lors qu'il contribue à accroître le bien-être collectif. C'est un autre problème de la France que de ne pas réunir suffisamment les représentants de ces intérêts spécifiques et de leur donner le moyen de s'exprimer autrement que sous la forme de l'opposition et de la revendication. Ce critère entretient un lien avec la transparence raisonnable dans le processus de décision. Il est vital pour la démocratie que les raisons effectives des décisions prises par le pouvoir politique soient connues et discutées. Lorsque le système institutionnel fonctionne au secret, quelque fondés soient certains secrets dans la conduite des affaires les plus sensibles, ou, pire encore, sans visée autre que tactique et à court terme, ces intérêts, personnels ou corporatistes, tendent à être dissimulés. Certes, la Constitution n'a pas créé les corps, les groupes particuliers et les rentes, qui étaient plus puissants sous les régimes antérieurs, mais on peut douter des vertus correctrices du système. Nos institutions n'ont pas diffusé au sein de la société française un esprit de collaboration entre des pouvoirs et des contre-pouvoirs.

Reste un quatrième critère, qui touche à l'éthique politique. Un système est démocratique et socialement et politiquement libéral lorsque ceux qui exercent des fonctions publiques mais aussi privées sont incités – puisque la vertu personnelle ne peut jamais être garantie – à se conformer à leur devoir d'état. Demandons-nous, par exemple, si les parlementaires jouent pleinement leur rôle et si les dirigeants sont le mieux possible incités à remplir leur fonction, c'est-à-dire de manière exclusive, sans conflits d'intérêts, notamment avec leur mandat local, et avec une transparence raisonnable par rapport à leurs mandants. On pourrait étendre cette question à la quasi-totalité des professions : qu'est-ce qui conduit un professionnel, quel qu'il soit, à se faire une idée claire de son devoir et qu'est-ce qui, dans le système, l'incite, voire le contraint, à lui accorder une priorité absolue ? Comment inciter un professeur d'université ou un chercheur à se consacrer prioritairement – ce que font certes la plupart – à ses tâches d'enseignement, d'encadrement des travaux de recherche, de recherche personnelle et de diffusion internationale de ses travaux ? En France, il manque des éléments de contrôle et de correction qui incitent chacun, lorsqu'il n'y est pas porté, à agir selon l'éthique professionnelle censée être la sienne. On pourrait s'interroger sur une pratique médiatique fréquente en France qui tend à manquer d'une certaine insolence par rapport aux puissants et à donner l'impression d'un respect *a priori* que d'autres démocraties ne connaissent pas.

Il est trop facile de proclamer que nous n'avons que la démocratie que nous méritons. Certains remarqueront que la lutte pour la démocratie n'est pas totalement prioritaire en France puisque nous vivons, après tout, en démocratie, que les contrôles existent, que nous sommes dans un État de droit, malgré certains risques, et que la corruption, même si elle se manifeste parfois au niveau local et si une vigilance particulière s'impose notamment dans le domaine de l'urbanisme, reste marginale. Toutefois, il existe de mauvaises habitudes qui s'enracinent au cœur de la société et qui contribuent à rendre nos institutions démocratiques insuffisamment libérales. Le libéralisme institutionnel oblige à ce que ne se renforce pas l'intérêt de ceux à ce que le système ne change pas. Trop souvent, la réponse rhétorique apportée à cette question aboutit à une complaisance pour des mythologies qui portent les noms d'incarnation, de démocratie locale et de démocratie participative. L'incarnation, celle du président de la République, lui offrirait une légitimité, par le mouvement qu'il impulse, de dépasser les intérêts antagonistes et d'exprimer, par le truchement d'une délégation supérieure, la pensée souveraine du peuple. Une telle vision conduit à évider les autres institutions politiques et toute forme de contre-pouvoir. La mythologie d'un président garant plus qu'acteur entretient l'idée qu'on peut dépasser la politique classique − sans évoquer le risque d'un interventionnisme politique aléatoire et se passant du contrôle de la loi, puisqu'il est censé être au-dessus d'elle. La démocratie locale et la démocratie participative, malgré des expériences localement réussies, conduisent à une préhension de la parole publique par les groupes les mieux mobilisés, mais ne se traduisent pas nécessairement par un meilleur contrôle. Au demeurant, une démocratie locale forte ne peut fonctionner sans une démocratie représentative au niveau national puissante elle aussi.

La faible compréhension du pluralisme institutionnel provient de la tentation d'une forme de « grande politique » qui conduit à situer la politique en un ailleurs impossible et à remplacer l'action par le verbe et le faire par les principes[1]. Il aboutit à ne placer la décision que dans l'action du chef, à en faire

---

1. Pour une critique de cette dérive gaullienne, nous renvoyons à *La Face cachée du gaullisme. De Gaulle ou l'introuvable tradition politique*, Paris, Hachette Littératures, 1998.

un substitut aux choix politiques du peuple et à imaginer que la nation se constitue par procuration. La conception gaullienne selon laquelle les Français ne seraient jamais à la hauteur de la France, outre qu'elle magnifie une instance sans existence *actuelle* au-delà de la population, n'a pas d'avenir en raison de ses présupposés. Il n'est pas de pouvoir réel sans mobilisation et action des différentes composantes de l'ensemble social. En cela, la question du pouvoir rejoint celle de l'agir. Une politique ne vaut que par sa propre diffusion au sein des institutions sociales. Un pouvoir qui repose d'abord sur la croyance que l'élection lui offre une légitimité n'offre d'autre issue à ses opposants que la contestation. Il annihile non seulement la participation, mais surtout la collaboration.

Les institutions ne peuvent pas remplacer la politique, au sens de décision souveraine qui, après avoir écouté, tranche, mais elles peuvent donner beaucoup d'informations sur la possibilité d'une décision et ses conditions. On ne saurait attendre d'elles une stabilité absolue et une capacité à résoudre tous les conflits. Elles n'offrent aucune garantie dernière quant à la qualité et au bien-fondé des politiques conduites. En revanche, elles peuvent développer les *chances* d'une bonne décision, c'est-à-dire en connaissance de cause.

Elles n'ont pas la faculté de produire l'unanimisme politique, mais elles peuvent donner quelque chance à un consensus mieux fondé.

Les institutions, dans les sociétés contemporaines, sont censées posséder deux vertus : d'abord de contribuer à l'approfondissement des règles de la démocratie – en premier lieu la discussion sur les objectifs et sur les résultats et le contrôle –, ensuite de favoriser la décision plutôt que l'attentisme devant les maux que connaissent nos sociétés, et même, autant que possible, la décision éclairée. Parfois, on oppose ces deux qualités : beaucoup estiment ainsi que la démocratie contrarie la faculté de décider ou, au moins, l'affaiblit et que, inversement, pour décider il faudrait partiellement mettre entre parenthèses la démocratie. Cette conception est erronée : les deux termes sont étroitement liés. Les contrepoids sinon les contre-pouvoirs, propres à la démocratie, sont des *contreforts* – il en va ainsi du Parlement. Toute décision a besoin d'institutions qui l'appuient, y compris en en contestant le dispositif originel. Celle-ci, pour aller jusqu'à son terme, doit prendre corps *au sein d'un milieu* large à ses différents stades : conception, élaboration, publicité et mise en œuvre. Les institutions peuvent faciliter ou contrarier l'action des réformateurs ; elles peuvent encourager ou freiner le vice.

LA FAILLITE DE LA DÉMOCRATIE : 2. LA CONTESTATION

Il faut balayer la *perspective culturaliste*, régulièrement invoquée pour analyser les failles de notre régime politique et social, marqué par la contestation permanente, la difficulté du consensus, le jeu mal contrôlé des intérêts catégoriels et la propension à la critique frontale du pouvoir. Dans cette perspective, l'origine de tels maux n'est que peu liée à notre passé historique et certainement pas à une prétendue mentalité française. La réalité des difficultés est politique et sociale. Le goût apparent pour le spectacle et le spectaculaire provient d'une perte de crédibilité du politique. Laquelle induit une confusion entre la protestation et la démocratie. La France est un pays de protestation forte et de démocratie faible.

La contestation en France n'est pas un trait de caractère, mais l'aboutissement d'un long processus de délégitimation du pouvoir. Elle est opposée au libéralisme politique dans son esprit car elle ne cherche pas à passer par les voies d'un dialogue construit et respectueux non du statut social, mais du point de vue adverse. Elle a pour ambition de passer en force, c'est-à-dire de faire arracher des compromis non par la raison mais par la peur – d'un mouvement plus long, dur et massif, dont on perçoit les conséquences électorales.

Ce jeu n'était pas *a priori* écrit : autant la division syndicale possède une origine historique, autant les formes les plus dures de contestation ne trouvent pas d'explication dans l'histoire. Rien ne devrait condamner la France à une multiplication des phénomènes de contestation tous azimuts et dans tous les domaines. La preuve a été administrée en quelques occasions, certes limitées, qu'il était possible de faire discuter ensemble l'État, les partenaires sociaux et d'autres représentants ou groupes sociaux de projets communs. De même, maintes occasions ont été perdues, faute d'anticipation et d'attention, par divers gouvernements, de prévenir des conflits graves et des contestations sans issue. Mais les chances gâchées de résolution des différends ne constituent pas la seule explication.

Le fait le plus inquiétant est que notre structure politique conduit à cette aggravation des conflits sans solution. Certains pourraient être tentés de l'imputer à la seule force du pouvoir exécutif et à une prééminence de l'État par rapport au monde civil. S'il existe souvent un déficit de concertation, dont les responsabilités ne sont certes pas uniquement du côté des pouvoirs publics, cette origine étatique des blocages constitue une analyse courte. Elle réside plutôt dans un manque intellectuel lors de la préparation des discussions. Outre la disparition des lieux de discussion en amont sur le contexte des réformes, leurs finalités et les *divers* scénarios qui pouvaient les guider, comme avait pu parfois l'être le Commissariat général du Plan, on feint de penser que la discussion avec les partenaires sociaux, voire d'autres représentants de la société, peut être plus tactique que stratégique, tronçonnée en une multitude de détails plutôt que de porter sur un projet d'ensemble, consister dès lors à discuter « le bout de gras » plutôt qu'une perspective nouée à un projet. Certains syndicats ne sont pas mécontents de cette situation plus confortable intellectuellement et parfois politiquement. Procéder de la sorte pour un gouvernement est une erreur et une faute. C'est une erreur car cela renforce la coalition des opposants, pour de bonnes ou de mauvaises raisons, à la fois sur des points techniques, sur l'ensemble de la réforme ou sur la politique générale. C'est aussi une faute, car cela limite le débat démocratique, déresponsabilise les acteurs et enlève toute incitation aux pouvoir publics à expliquer une stratégie. Cette paresse intellectuelle se retourne toujours contre lui.

Or, autant la clarification des objectifs d'un gouvernement et la mise en place d'instruments de discussion en amont peuvent limiter la contestation, autant des raisons de fond l'ancrent durablement dans notre existence collective. Un tabou ancien la suscite : une dissension politique forte, renforcée chez les plus anciens par une mémoire, certes souvent approximative, des pages noires de notre histoire ou même de Mai 68. Même si, comme on va le voir, la question de la justice sociale est une composante de cette discorde, elle n'est pas la seule. Nous ne sommes plus à l'ère de la lutte des classes, mais notre appréhension des « valeurs » collectives – ouverture, ordre, culture, distinctions, spécificité française, intégration, respect de la loi, nature de la démocratie, etc. – est plus hétérogène que ne le laisse supposer la modération des forces politiques classiques. Taire ces conflits, ou ne pas les trancher par une forme de décision politique, c'est non seulement laisser prospérer les extrêmes, mais aussi entretenir la source de contestations inorganisées, parfois inarticulées, toujours sans débouché politique, mais dramatiques pour notre esprit public et la représentation que les autres se font de nous.

III

LA JUSTICE SOCIALE
AVEC LA RICHESSE ET L'EXCELLENCE

L'une des oppositions les plus pernicieuses – d'autant plus que, non sans raison, cette problématique est au cœur de la conflictualité politique d'aujourd'hui, en France comme dans d'autres pays, notamment aux États-Unis – est celle entre justice sociale et accroissement de la richesse. Le débat est entouré de multiples faux-semblants, dans la mesure où la gauche au pouvoir n'a pas agi suffisamment en faveur de la lutte contre les inégalités, et que la droite, convertie par nécessité électorale à une préoccupation nouvelle pour les faibles revenus, n'a pas été aussi souvent à la pointe que certains l'auraient souhaité, notamment parmi les chefs d'entreprise, dans la prime donnée à la création de richesses. Mais la rhétorique classique, d'un côté, du partage du gâteau, de l'autre, de son augmentation préalable à toute répartition plus juste, reste ancrée. Dès lors, dans l'esprit du citoyen, la perception dominante reste celle qu'une égalité accrue – lire « la justice sociale », car c'en est, de manière simpliste, la figure dominante – va de pair avec un arasement d'une richesse dite « excessive ». Ou, pour prendre la vulgate de l'autre camp, la capacité de créer de la richesse, source du dynamisme de l'économie dans son ensemble, a pour contrepartie, triste mais nécessaire, une moindre obsession pour la redistribution.

Ce débat est d'autant plus aiguisé en France qu'il existe des conflits de répartition importants. La conflictualité y est forte, même si elle est latente, sauf à certaines périodes, au sein de la société. En même temps, nous vivons au cœur de paradoxes. Alors que peu imaginent un ordre social radicalement différent, celui-ci qui est le nôtre ne paraît pas acceptable. Chacun est contre l'égalité absolue, mais à partir de sa propre position, considère les inégalités comme intolérables. Les prébendes et les passe-droits sont dénoncés avec raison, mais chacun a peur de la transparence. Nous sommes prompts en France à vitupérer l'arbitraire, mais nous récusons la concurrence. On voit des machinations partout, comme si le complot était omniprésent, mais on protège ses petits secrets.

DE L'INJUSTICE À L'APPAUVRISSEMENT : PARLONS DES INÉGALITÉS

Les inégalités constituent le thème de combat le plus évident du camp progressiste. C'est l'égalité, davantage que la liberté, comme le montre Norberto Bobbio[1], qui constitue le facteur essentiel de différenciation entre la gauche et la droite. Mais ce camp paraît embarrassé pour lui donner corps, sauf, par incantations et sans crédibilité, à la gauche de la gauche. La croissance des inégalités sous les deux septennats de François Mitterrand – et, bien sûr, par la suite aussi –, la nécessité désormais largement acceptée d'inscrire l'action de la gauche dans le cadre d'une économie de marché ouverte et la difficulté de mobiliser, sans effets pervers, les mécanismes classiques de leur réduction – fiscalité notamment – font que le silence l'emporte sur le débat. Chacun affirme qu'il faut réduire les inégalités, mais personne ne dit jusqu'où. On ne saurait certes prétendre qu'il n'existe aucune mesure correctrice des inégalités et la panoplie des dispositifs permettant leur réduction est vaste. Toutefois, le discours politique rechigne à considérer les inégalités dans leur globalité et la

---

1. Norberto Bobbio, *Droite et Gauche*, Paris, Seuil, 1996.

thématique de la lutte contre l'exclusion et la grande pauvreté remplace celle de la réduction des différences sociales, sujet bien plus vaste que les seules inégalités pécuniaires.

Cette érosion politique du débat sur les inégalités n'est pas sans lien avec des difficultés d'ordre intellectuel. L'interrogation s'est déplacée sur la notion d'« inégalités acceptables », car il n'était plus de schéma disponible permettant de *représenter*, en en produisant la légitimité, une société soit inégalitaire et hiérarchique, soit parfaitement égalitaire. Aucun de ces deux pôles ne peut correspondre à l'idée que la majorité des citoyens se fait du monde dans lequel elle veut vivre. Il convient dès lors de s'orienter à partir d'un schéma qui n'est plus préalablement défini, donc plus incertain. Celui-ci combine l'indétermination qu'appellent la liberté et le mouvement démocratique, pour parler comme Tocqueville, vers « l'égalisation des conditions ». Comment construire simultanément une société moins inégale et plus libre, marquée par une concurrence et une impartialité qui sont au fondement du libéralisme politique et correctrice des écarts insupportables, quelle que soit leur origine ?

On ne saurait lier exclusivement la question des inégalités à des considérations de politique économique et sociale, mais interroger le fonctionnement d'ensemble de la société et de la politique. L'obscurité dans la distribution des places, les comportements d'entente au sein de microgroupes qui détiennent une partie des positions dominantes dans l'économie, le sentiment d'un jeu prédéterminé dont est exclue la majorité des citoyens, renforcent la perception d'un système globalement inégalitaire et érodent la confiance dans les institutions. D'ailleurs, la faiblesse de la pensée libérale à la droite de l'échiquier politique est due à une forme de conservatisme social qui empêche une redistribution plus fréquente et transparente des places. L'enjeu pour le camp progressiste est aussi de redécouvrir les vertus du libéralisme politique : en imposant une concurrence plus transparente, bien au-delà de la sphère économique, il devra parvenir à lier la liberté démocratique et la réduction d'inégalités acquises et renforcées par le système économique, politique et social.

Si la politique contourne la question des inégalités, elle est pourtant au cœur des « indignations » des citoyens, y compris les jeunes générations des milieux aisés. C'est aussi, depuis longtemps, un domaine où un changement est attendu, mais où toutes les enquêtes montrent un découragement, voire un sentiment de fatalité, comme en matière de pauvreté. Les inégalités sont dénoncées, mais sans espoir d'un monde où elles seraient réduites. Ce pessimisme est dû à l'analyse de la réalité économique et sociale, à la perception d'une indifférence de la classe politique à leur endroit et à l'incapacité de *représenter* une société non inégalitaire.

Les citoyens n'échappent pas aux ambiguïtés propres à la classe politique. Il existe ainsi un écart entre la sensibilité affichée aux inégalités et la volonté de les réduire par des moyens volontaires. La *contrainte* reste peu acceptable. Le terme « liberté » est placé avant les deux autres termes de la devise républicaine par la majorité des Français. Par « inégalités sociales », les gens entendent souvent « grande pauvreté » ou « injustice » (dont ils sont victimes), voire « domination » (dans le monde du travail notamment), mais ne se mettent que rarement du côté des « gagnants », même s'ils le sont statistiquement. Une crainte plus générale apparaît, bien que pour beaucoup elle soit infondée, d'une paupérisation personnelle – elle gagne les cadres et n'est absente qu'aux sommets de la hiérarchie sociale – et de troubles liés à une situation de polarisation sociale.

Ce résultat rejoint la réalité. En effet, malgré une hausse globale du niveau de vie et une certaine « moyennisation » de la société, les inégalités ont tendance à croître depuis une trentaine d'années, les très riches étant plus riches et les plus pauvres encore plus pauvres. L'absence d'emploi constitue le facteur déterminant de la précarité et de la pauvreté, ainsi que d'une

« exclusion » de l'accès à de nombreux biens collectifs. Elle n'est toutefois que le point extrême d'inégalités plus larges dans la chance de mobilité sociale ascendante, dans l'accès à l'éducation, au logement et aux équipements collectifs. Le sentiment d'injustice tient surtout aux inégalités extrêmes, liées dans l'opinion à des privilèges appartenant en propre aux « classes dirigeantes » ou aux « inclus » et à une opacité du fonctionnement social que les « dominants » utilisent pour conserver leur position. L'image des inégalités et des injustices renvoie aux extrémités des catégories et ne concerne pas les rapports que les groupes plus « moyens » entretiennent entre eux.

Ces attitudes s'accompagnent de contradictions. Une partie des inquiétudes sont liées à des indécisions et à des tergiversations entre les valeurs de dynamisme et de repli, de règle et d'évasion, d'attachement et de sauvagerie, de rupture et de rigidité, de danger et de protection. Un équilibre paraît se dessiner entre l'approbation de mesures volontaires – une majorité semble s'opposer à une augmentation du temps de travail –, éloignées d'une doctrine « libérale », et le souhait de conserver le fonctionnement économique actuel, voire la globalisation. En refusant les mesures radicales tout en attendant de l'État qu'il joue un rôle majeur dans la correction des inégalités, les Français se placent devant une aporie difficile à traduire en termes politiques. Les Français se font une certaine idée spontanée de l'injustice, mais ne disposent plus de modèle pour penser les inégalités.

L'émergence de nouvelles interrogations sur les inégalités s'explique par l'idéologie comme par l'économie politique. On a vu que les deux modèles normatifs opposés qui permettaient de traiter la question sont à peu près unanimement rejetés. La hiérarchie était supposée légitimer les inégalités et leur perpétuation. C'était « à chacun selon sa condition ». L'égalité parfaite n'apparaît pas plus acceptable désormais : incompatible avec la liberté comme avec la différence, elle est en déphasage avec la société et l'économie modernes. La seule visée politique possible est celle d'une société ni trop égale ni trop inégale, ce qui ne dit rien. Cette situation idéologique explique l'introduction d'autres concepts comme celui d'égalité des chances. Or, son application est loin d'être réalisée, voire réalisable, sans une égalité plus grande des conditions – revenus, conditions de vie, connaissance et motivation liées à la culture. Elle ne répond pas aux attentes en termes d'éradication de la plupart des inégalités modernes : l'égalité formelle, potentielle ou procédurale n'apportera jamais l'apaisement ou la reconnaissance que peut procurer une égalité réelle dans la possession de biens ou de positions jugés prioritaires.

Il reste possible de dégager des critères d'inacceptabilité des inégalités : leur permanence, voire leur fixité, une absence de mobilité sociale et une accentuation des phénomènes de polarité. On peut y ajouter l'absence d'accès égal pour tous à tous les biens et fonctions, la concentration sur les mêmes catégories de tous les avantages et de tous les désavantages, des ruptures dans l'égalité devant les charges publiques – y compris au sein des plus riches, comme avec l'ISF, impôt absurde et injuste, qui permet une évasion légale des très riches et taxe surtout les petits et les moyens riches. En revanche, aucun principe positif, qui puisse être transformé en instrument de discussion sur les politiques, ne s'impose. La question du degré d'inégalités acceptables et, *a fortiori*, des instruments, ne peut être consensuelle et réglée par des concepts simples comme celui d'équité. Aucun critère unique ne permet de formuler une doctrine positive en matière d'inégalités : ni le mérite ni l'histoire[1].

Compte tenu du pluralisme des valeurs et des règles en vigueur dans les sociétés modernes, il est impossible

---

1. Philippe Van Parijs, « Quand les inégalités sont-elles justes ? », *in* Conseil d'État, *Sur le principe d'égalité*, La Documentation française, 1998, p. 224-225 notamment. Dans le commentaire, nous nous écartons sensiblement de son analyse.

de parvenir à une qualification consensuelle des mérites et de se mettre d'accord sur un juge de paix capable de les attribuer sans biais. Si la réponse à la question « Qui peut juger des mérites des autres ? » est tranchée par le principe hiérarchique dans chaque institution sociale – et plus rarement par le principe de l'élection ou du choix du client et consommateur –, elle n'est pas consensuelle. La sensibilité plus critique de l'opinion publique envers les erreurs des dirigeants est à la base de toute démocratie. Il n'y a pas accord sur la correspondance entre le mérite et sa juste rétribution. Le fait d'être intelligent justifie-t-il un salaire plus élevé ou des biens en quantité supérieure ? Même si le travail est une valeur reconnue, à *quantum* de travail donné, qu'est-ce qui rend acceptable que certains travaux soient mieux rémunérés que d'autres ? Ainsi, la *seule* référence au mérite ne peut fonder, à un moment donné, la hiérarchie sociale entendue comme distribution des biens et des fonctions. Chacun fera intervenir d'autres facteurs : la tradition notamment, mais aussi la rareté et l'utilité sociale (perçue) relative. En revanche, le principe méritocratique continue de jouer négativement. Les atteintes à l'égalité de traitement de deux personnes considérées comme également méritantes sont vécues comme des injustices, voire des discriminations.

Selon le principe historique, les inégalités peuvent être justifiées parce qu'elles résultent d'un état social donné, constitué par l'histoire, qu'on n'a pas de raison de remettre en cause. Cette conception, qui conduit à accepter les inégalités instituées, est combattue en démocratie au nom d'une exigence de justification qui fait partie de ses règles constitutives et de l'idée « sociale » d'un éclusage régulier des richesses et des biens acquis sans effort. Peut-on pour autant gommer cette conception, dès lors qu'on rejette la conception égalitariste intégrale ? Les Français sont attachés à l'héritage. Plus fondamentalement, l'existence d'une organisation sociale suppose un mélange de permanence et de mouvement. La remise à zéro des compteurs sociaux et la politique de la table rase paraissent inenvisageables. Chacun s'accorde pour *limiter* le poids des facteurs historiques, mais nul ne songe à les éradiquer.

Un principe souvent privilégié consiste en une attention à la situation des plus démunis, même si celle-ci n'est pas exclusive d'autres considérations *par ailleurs* (ainsi du lien entre revenu et effort et d'une notion de droit à des biens en fonction de titres acquis). Cette règle doit cependant éviter la focalisation sur des droits exclusivement réservés aux plus pauvres en raison du risque de stigmatisation. Surtout, elle n'est pas seulement comparative – réduire les écarts –, mais prend en compte la valeur absolue des situations. Chacun sera aussi conscient des pressions à la diminution de la redistribution des plus riches vers les plus pauvres pour des raisons économiques – risques de délocalisation, internationalisation des mouvements de capitaux. Le risque est soit de déplacer la lutte contre les inégalités vers l'utopie, soit de la ramener à la correction des situations de pauvreté, ce à quoi correspond l'idée d'un revenu de citoyenneté ou d'une allocation universelle, dont la justification, réelle, ne concerne pas le combat contre les inégalités et peut être perçue comme une manière de contourner la question.

HIÉRARCHIE SOCIALE ET INDÉCENCE : LE CAPITALISME DÉTOURNÉ

La réalité française est, malgré une amélioration du niveau de vie, une relative stabilité des groupes sociaux. Le groupe socioprofessionnel d'appartenance joue un rôle majeur dans la scolarisation, le type d'emploi obtenu ou la probabilité de chômage durable, le développement culturel, la santé, le logement et, évidemment, le patrimoine et le revenu. Celui-ci continue d'agir sur les destins individuels sur plusieurs générations. Pour les drames les plus graves, qui entraînent un cumul de difficultés, les déterminations d'origine pèsent lourdement. Ainsi, les inégalités en matière d'emploi ne touchent pas identiquement toutes les catégories ni toutes les régions. Les inégalités d'accès aux services publics sont perçues par les individus comme liées non seulement à l'argent, mais aussi à la position sociale et au savoir. Le symbole en est la justice, qui est certes d'abord accusée d'un manque de rapidité, mais pour laquelle le deuxième grief concerne le caractère inégalitaire. Une majorité des citoyens considère que l'égalité d'accès à la justice est peu ou pas du tout satisfaisante, ce qui est aussi lié au sentiment qu'existent des passe-droits dont bénéficieraient les catégories privilégiées. Chacun sait que se développent une médecine et une école à « plusieurs vitesses ». Lorsque à l'inégalité matérielle s'ajoute l'inégalité des droits théoriquement garantis, comment s'étonner du scepticisme des Français quant à la volonté de corriger les inégalités ? Comment ne pas voir poindre des éléments d'une contestation sociale plus vaste ? Le rejet de la politique en est un signe, même si l'absence de révolte de grande ampleur s'explique par le brouillage des perceptions.

La question politique première est celle de la hiérarchie sociale, la question de la pauvreté, invraisemblable dans une société riche, *pouvant* être en théorie traitée plus aisément ne serait-ce qu'en matière de mal-logement, ce qui accroît le scandale de l'indifférence ou de l'incurie. Or, quelle hiérarchie sociale peut encore être justifiée, dès lors que la crise d'efficacité des élites l'interdit ? Nul système politiquement libéral et démocratique ne peut la remettre en cause en tant que telle, car cela reviendrait à casser la dynamique à l'œuvre dans toute société, sa mobilité et les incitations à créer de la richesse. Le problème réside à la fois dans sa fixité et dans la disproportion de la situation de quelques-uns par rapport à la majorité des autres. L'essentiel est d'écluser, lors de sa transmission, une partie de la richesse acquise par la génération précédente afin que la nouvelle ne parte pas avec des avantages démesurés. Chacun connaît l'exemple de ces milliardaires américains qui refusent de transmettre l'essentiel de leurs richesses à leurs descendants, au nom d'un principe libéral bien compris, et l'affectent à des œuvres d'intérêt public. Il importe aussi de créer, par des compensations, des situations plus égales afin de renforcer le potentiel de progression sociale de chacun. La question de la disproportion soulève d'autres questions qui mettent en cause le bon fonctionnement du système capitaliste.

Il ne s'agit pas de condamner la richesse, ni même la grande richesse, lorsqu'elle est créée par un effort personnel accompagné d'une prise de risques, résulte d'une invention et d'une œuvre et est sanctionnée par le marché, quels que soient nos doutes sur la hiérarchie spontanée qu'il génère – par exemple, entre un sportif et un intellectuel de haut niveau dont on pourra estimer la valeur de l'œuvre supérieure. Il est des mécanismes auxquels il est difficile de toucher. En revanche, la disproportion des revenus accordés à certains cadres dirigeants d'entreprise, *managers* et non pas investisseurs, du moins dans un premier temps, ne relève pas d'un fonctionnement transparent du capitalisme dès lors que, d'une part, ces rémunérations ne reposent pas sur une valeur proportionnellement supérieure de la personne qui les perçoit par rapport à une autre qui reçoit dix fois moins, et que, d'autre part, le calcul des rémunérations accessoires peut susciter des biais dans la stratégie de l'entreprise.

La question de la hiérarchie sociale n'est pas ici le problème premier. La question est celle de la manière dont, de manière endogène, certaines rémunérations sont déterminées. C'est aussi, sur un plan social, l'esprit qu'il révèle. Ce qui choque à juste titre l'opinion est double. D'un côté, ces rémunérations paraissent, souvent à bon droit, accordées de manière peu transparente, quand bien même la réglementation oblige à les rendre publiques sous certaines conditions. Elles donnent l'impression qu'elles ont été accordées par un groupe fermé de personnes qui se cooptent et s'accordent mutuellement certains avantages. De l'autre, elles posent une question de décence. Quelles peuvent être la vision et la compréhension de la société de personnes qui vivent de manière si disproportionnée en dehors de la règle commune à la majorité ? Il y a là une faute de goût qui ne peut que se répercuter sur l'esprit public. Les règles d'une concurrence normale sont non seulement bafouées, mais elles empêchent aussi, si l'opinion met, à tort, dans le même « paquet » libéralisme, capitalisme et avantages excessifs, de concevoir une société moins fondée sur la rente.

L'ILLUSION FISCALE : DES OBJECTIFS DÉFECTUEUX AUX INSTRUMENTS DÉFICIENTS

Ces situations de richesse extrême, non fondées sur le risque et le talent, obscurcissent la nature de l'instrument fiscal. Celui-ci a-t-il pour but essentiel de rétablir une concurrence normale entre des individus plus égaux – objectif économique –, d'écluser régulièrement, notamment lors des transmissions de patrimoines, une richesse disproportionnée – objectif lié à l'esprit public, parfois qualifié à tort de « moral » – ou de corriger les inégalités ? Autant les deux premiers objectifs paraissent aisés à concevoir, autant l'espoir d'une redistribution, ayant une portée en termes de réduction des inégalités, par l'instrument fiscal doit être examiné.

Il ne s'agit pas d'entrer dans le détail des instruments qui permettent de corriger les inégalités et de porter sur eux un jugement « technique ». En revanche, il est nécessaire d'apprécier en quoi les instruments éventuels de correction des inégalités contribuent à faire évoluer les perceptions qu'en ont les citoyens, créant alternativement espoirs et doutes. Ces perceptions sont liées aux objectifs que de tels instruments sont censés atteindre. Or, tout se passe comme si la multiplication des seconds s'accompagnait d'une dissolution des premiers, alors que les inégalités transversales permettent mieux que les inégalités sectorielles de les appréhender dans leur ensemble en raison de leur caractère cumulatif, dynamique et lié. Le niveau de vie, considéré de manière large (tenant compte des revenus monétaires mais aussi du prix relatif des biens essentiels – logement, nourriture –, variable dans l'espace et dans le temps), offre une référence que le revenu et le patrimoine n'apportent pas à eux seuls. Cette globalisation des inégalités a jeté un scepticisme sur les instruments classiques, qui paraissent incapables de rendre les inégalités à la fois moins longues, cumulatives et définitives. Or, c'est là qu'apparaissent des doutes sur la capacité des grandes institutions publiques, d'abord l'école, ou des politiques publiques (logement, emploi) à apporter des solutions crédibles.

En matière de correction des inégalités, les principaux instruments sont la fiscalité et, de manière générale, les prélèvements obligatoires et le budget. Il faut accorder une place particulière aux « discriminations positives » qui consistent à donner une « préférence » aux catégories les plus atteintes par les inégalités et donc à traiter de manière inégale des personnes jugées inégales, ce qui revient à renoncer, au moins partiellement, au principe d'égalité des droits et à lui substituer une certaine conception de l'égalité des chances. Or, la déficience de ces instruments classiques tient au principe de spécialité de chacun, qui exige qu'il soit utilisé pour ce qu'il est en mesure d'accomplir.

L'attitude des Français à l'égard de la fiscalité est ambiguë. D'un côté, les prélèvements obligatoires paraissent avoir atteint un niveau difficile à dépasser, y compris pour réduire les inégalités. Ce phénomène doit être relié au scepticisme sur l'efficacité des prélèvements obligatoires pour réduire les inégalités. D'un autre côté, ils ne considèrent pas le mécanisme fiscal comme juste. L'obscurité du système de prélèvements obligatoires, le doute sur la bonne utilisation des deniers publics et la difficulté de produire un bilan redistributif *d'ensemble* contrarient la possibilité d'y voir un instrument perçu comme adéquat de lutte contre les inégalités.

Devant le constat d'un accroissement de l'écart entre les revenus les plus bas et les revenus les plus élevés – dû en haut de l'échelle à une distribution plus inégale des salaires mais d'abord à la croissance du chômage et du sous-emploi –, l'instrument fiscal ne paraît plus aussi adapté. Au moins ne semble-t-il pas pouvoir jouer de manière plus importante qu'aujourd'hui pour corriger les inégalités. Le fait que les inégalités de patrimoine heurtent moins les Français que les inégalités de revenus, en raison de la manière dont l'héritage est plébiscité en France, limite le rôle de l'impôt sur les successions, pourtant élément essentiel de correction des inégalités patrimoniales.

Autant le système redistributif paraît acceptable lorsqu'il constitue un filet de sécurité pour les plus démunis, autant, lorsqu'on entend lui faire jouer un rôle de correction des inégalités, il paraît perturber le fonctionnement d'une organisation sociale peu remise en question. Il n'agit pas sur les causes des inégalités, situées dans la formation des revenus primaires liée au jeu du marché et de la hiérarchie sociale. Les prélèvements obligatoires agissent ainsi de manière marginale et apparaissent comme un substitut – qu'il n'est certes pas question de remettre en question – à une action en amont sur la création des inégalités primaires. Ceci peut expliquer pourquoi les revendications salariales et celles concernant le partage des fruits de la croissance sont perçues comme les instruments majeurs de correction des inégalités. Le mythe de l'impôt correcteur – ou plutôt correcteur *suffisant* – paraît s'effondrer dans l'opinion.

L'instrument budgétaire permet lui, par le biais d'allocations et de subventions, de donner à ceux qui ont le moins. Cet instrument ne représente pas non plus une méthode bien perçue pour réduire les inégalités de manière efficace et acceptable. Le doute s'installe quant à sa capacité de toucher les destinataires prioritaires. Il suffit de considérer l'impact réduit en termes de réduction des inégalités des prestations dites « de solidarité », qui visent plutôt à compenser certains effets de la grande paupérisation, sans parler de nombreuses aides à l'emploi, peu efficaces, mais dont le coût d'opportunité budgétaire est considérable. Des subventions trop sélectives risquent aussi d'accroître le sentiment de

« révolte » des classes moyennes, en accréditant le sentiment qu'une partie de la société, toujours la même, est destinée à subvenir aux besoins d'une autre partie de manière d'autant plus disproportionnée que les très riches bénéficient souvent d'une quasi-exemption fiscale en raison des exonérations de l'ISF et de l'évasion légale. Le thème du risque de désincitation au travail est aussi présent dans les perceptions. Une compensation des inégalités sans contrepartie visible, au-delà de celle des maux sociaux les plus graves, peut être récusée. L'attente concerne davantage la correction des mécanismes globaux de création des inégalités que leur compensation directe. En revanche, des compensations budgétaires sont acceptées dès lors qu'il s'agit d'améliorer l'égalité des chances. Il en va ainsi notamment des bourses d'enseignement. En revanche, une prise en compte stricte de ressources inégales dans la facturation de l'accès aux services publics ou les remboursements de l'assurance sociale -- par exemple, un prix différent d'accès à l'université suivant les ressources ou un remboursement différent des frais médicaux par l'assurance maladie – reste mal comprise, alors même qu'elle serait égalitaire. Pourra-t-on pourtant longtemps exclure une telle voie, compte tenu des contraintes de limitation des dépenses budgétaires et médicales ? Ce serait une manière aussi d'entrer dans le vif du sujet.

L'ÉGALITÉ CONTRE LA DISCRIMINATION

Les discriminations positives ne concernent pas les compensations de nature budgétaire de situations inégales. C'est à tort qu'on range parfois au nombre de celles-ci des mesures de soutien scolaire dans les quartiers défavorisés. Elles consistent non seulement à traiter différemment ceux qui pâtissent le plus des inégalités, mais aussi à dresser de nouveaux obstacles sur le chemin des plus chanceux. Elles créent donc non seulement des avantages pour certains, mais aussi des désavantages visibles pour d'autres : il sera, à talent égal, plus facile au membre d'une minorité défavorisée d'entrer à telle université qu'au jeune plus favorisé. Au nom d'une correction des règles visant à parvenir à une égalité des chances plus effective, ce principe conduit à renoncer à l'égalité des talents et des compétences. Il ne s'agit pas de dire qu'entre le membre d'une « minorité » et un autre de talents équivalents, on choisit le premier, mais qu'on effectue ce choix, alors que les capacités du premier sont inférieures à celles du second.

Ce principe passe difficilement en France, comme en témoignent les débats sur la parité, et non sans raison. Diverses études ont montré que les plus jeunes y sont davantage opposés que leurs aînés. Ils y voient une transgression du principe de compétence, d'effort et de travail et ils sont moins fatalistes devant les blocages sociologiques. Si une majorité des Français est préoccupée par l'existence, voire l'aggravation, des inégalités, elle ne les lie pas d'abord à une catégorie, y compris les femmes. Les inégalités sociales en général sont plus importantes à leurs yeux, à tort ou à raison, que celles qui départagent les sexes ou les origines géographiques. La correction par la loi leur paraîtra moins immédiatement acceptable que celle par des mécanismes sociaux généraux de rétablissement de l'équilibre. Surtout, la lutte contre les discriminations leur semblera préalable à l'institution de discriminations positives, notamment lorsqu'il s'agit de lutter contre les inégalités, très majoritairement dénoncées, que subissent des catégories particulières comme les femmes et les personnes d'origine étrangère. On ne voit pas comment des discriminations positives pourraient contribuer à lutter contre le « sur-chômage féminin », le sous-emploi féminin – les femmes travaillent souvent moins qu'elles le souhaiteraient – et l'inégalité de niveau et de rémunération de l'emploi à diplôme et qualification égaux.

Les Français restent attachés au principe d'égalité, seulement pondérée par les talents et les qualités.

S'ils supportent mal la domination d'une élite, c'est qu'ils mettent en doute la réalité de ses mérites. Ils préféreraient que le système de promotion sociale fonctionne mieux, que la mobilité sociale soit accrue, plutôt que d'obscurcir un principe méritocratique dans lequel ils n'ont plus confiance tant il leur paraît déjà perverti. Ils sont d'autant plus sensibles à « l'interdit de l'arbitraire[1] » car telle est la qualification qu'ils donnent au système social. Remettons donc le système à l'endroit et un premier pas vers la correction des inégalités sera franchi.

Toute mise en place d'un régime de discriminations positives doit aussi tenir compte du contexte qui peut imposer d'autres priorités. Il en va ainsi pour l'accès des femmes aux accès supérieurs de la fonction publique. Autant la sous-représentation des femmes représente un problème réel, autant la question doit être replacée dans le contexte de la transparence de cet accès, des critères qui y président et de la fin de toute forme d'avantage lié à la proximité politique et au corps d'appartenance. De manière indirecte, un tel débat a aussi lieu sur la nature des épreuves des concours les plus élevés de la fonction publique, en particulier celui d'entrée à l'ENA, certaines

---

1. Conseil d'État, *Sur le principe d'égalité, op. cit.*, p. 95.

étant suspectées, notamment celles qui font appel à la culture générale et à la capacité d'écriture d'une dissertation, de favoriser ceux dont le bagage culturel, lié en partie au milieu social, est le plus fort. Or, traiter de cette question ne peut se faire sans discussion sur les qualités qu'on attend d'un haut fonctionnaire, en l'occurrence en matière de jugement critique, d'indépendance d'esprit, d'analyse et de capacité de replacer les problématiques dans un contexte plus large. Et quel mépris de la part de dirigeants sans doute incultes que de penser que les enfants des milieux populaires qui veulent s'en sortir n'ont pas un appétit de découverte des œuvres de l'esprit équivalent, voire supérieur, à ceux des classes bourgeoises fortunées dont le goût pour la culture classique est loin d'être toujours avéré !

On retrouve un vice de raisonnement similaire à propos de l'école. Celle-ci est souvent considérée comme l'un des moyens essentiels de correction des inégalités : les Français, à l'exception des élèves et des étudiants, placent la correction des inégalités au troisième rang parmi les missions de l'école, après l'accès au monde du travail et l'acquisition d'une culture générale. Rares sont ceux qui mentionnent la formation de citoyens, l'acquisition du goût d'apprendre, l'épanouissement des jeunes, la formation de l'esprit critique et même l'acquisition d'un diplôme. Tout se passe comme si le grand public plaçait en l'école cet espoir de réduction des inégalités qu'il ne parvenait pas à localiser ailleurs, alors que c'est la société et notamment le monde du travail qui crée ces inégalités.

Cette mission de réduction des inégalités ne peut pourtant revenir à l'école, dont on peut seulement espérer qu'elle donne toute sa chance aux jeunes les plus brillants des milieux défavorisés et surtout qu'elle n'accroisse pas, par une uniformité des traitements et une indifférenciation des cursus, les inégalités d'origine. L'école ne fera jamais que cessent les hiérarchies sociales en termes de diplômes, de qualification et de valeur symbolique – puis pécuniaire – accordée à tel métier. Surtout, il est illusoire de lui faire corriger, par ses méthodes propres, les inégalités scolaires. La massification de l'enseignement, l'allongement de la scolarité obligatoire et sa poursuite au-delà de seize ans pour des classes d'âge de plus en plus nombreuses – ce qu'on appelle, trop rapidement, la « démocratisation de l'école » – n'ont pas éliminé les inégalités scolaires suivant le milieu et la catégorie socioprofessionnelle des parents. L'élévation générale des diplômes, considérée indépendamment de la valeur de ceux-ci, n'a pas modifié cette hiérarchie. Elle les a parfois dissimulées, rendant leur correction encore plus difficile. Elle n'a pas empêché des phénomènes d'exclusion de la scolarisation lourds de conséquences. Les enfants de familles moins aisées ont également plus de difficultés à choisir les bonnes filières universitaires, tous les diplômes de niveau théoriquement équivalent n'étant pas de fait identiques. Ils sont plus nombreux parmi les nombreux étudiants (environ 50 %) qui échouent à l'issue du premier cycle universitaire ou qui, après une licence et un master relativement dévalués, ne trouvent pas un emploi d'un niveau supérieur. Il y a là un effet du défaut de « mode d'emploi » de la massification et de la moindre qualité relative de l'enseignement supérieur.

Toutes les analyses observent depuis vingt-cinq ans une stabilité des inégalités scolaires et sociales. Elles montrent aussi que la massification et la démocratisation de l'école, ainsi que les procédures d'unification des cursus, en particulier le collège unique, faute sur laquelle nul gouvernement n'a osé revenir, ont eu plus tendance à maintenir, voire à accroître, les inégalités qu'à les diminuer. Le niveau général *apparent* monte, mais les hiérarchies se déplacent sans se modifier.

Ignorer ce problème est aussi inepte que d'estimer que sa solution est d'abord scolaire. Il faut rappeler la règle de spécialité : en l'occurrence, que l'école fonctionne, c'est-à-dire dispense le plus adéquatement et au plus grand nombre les connaissances jugées nécessaires. L'oubli de cet objectif, pour répondre à la demande d'égalité par l'école, dégrade à la fois celle-ci et maintient sinon accroît les inégalités scolaires et de devenir social. Si l'école ne peut diminuer à elle seule les inégalités, son mauvais fonctionnement les accentue. On peut contester les critères de sélection aux différentes écoles ainsi que dans l'accès à certaines fonctions, mais non son principe. Le refus affiché de la sélection, notamment dans l'accès à l'université, et l'égalitarisme, associé à une dégradation des exigences à l'école primaire, au collège et au lycée, ont conduit à des manœuvres de contournement, notamment par l'école privée, qui accroissent les inégalités et diminuent l'efficacité du système.

Reste alors, malgré tout, à rendre l'école moins inégalitaire. On pourrait risquer le théorème suivant : les inégalités diminueront à l'école si et seulement si, d'une part, l'école fonctionne, d'autre part, les conditions *extérieures à l'école* sont plus égales pour les élèves et pour les étudiants. Autrement dit, la réduction des inégalités scolaires passe, d'un côté, par l'amélioration du système, qui doit être plus transparent dans ses finalités et dans son fonctionnement, et plus exigeant en termes de qualité, de l'autre, par une correction massive des inégalités dans la société et une déségrégation sociale qui est la condition d'une déségrégation scolaire. Reste un obstacle, montré par Rawls : la famille. « Le principe de l'équité des chances ne peut être qu'imparfaitement appliqué, du moins aussi longtemps qu'existe une quelconque forme de famille[1]. » Mais il ne saurait être question de supprimer la famille ! Conformément à toutes les théories de l'école qui en font, autant que possible, un lieu protégé et soustrait aux influences sociales, l'école doit être capable d'apporter ce que certaines familles ne peuvent donner. Si la condition de la réussite scolaire, puis sociale, repose d'abord, indépendamment des déterminations affectives, sur la famille, c'est que l'école a déjà commencé d'échouer.

LES MALHEURS DE L'ÉDUCATION

Ayant travaillé depuis 1981 sur les questions d'éducation et dirigé un livre en 1989 sur ce sujet[2], j'ai rencontré une lassitude que je crois partagée. Autant une prise de conscience a eu lieu dans le domaine de l'enseignement supérieur, qui s'est traduite

1. John Rawls, *Théorie de la justice*, Seuil, 1997, p. 104-105.
2. *Un projet éducatif pour la France*, PUF, 1989.

par une progressive adaptation de nos établissements à la concurrence internationale et les a orientés vers une politique d'excellence, autant, pour l'enseignement des premier et second degrés, les politiques ont piétiné. Le consensus politique en matière d'éducation n'existe pas, en particulier sur l'essentiel : les missions dévolues à l'Éducation nationale. Les débats sont pris en tenaille entre l'impératif d'excellence et le souci de promouvoir les plus défavorisés, comme si l'un devait exclure l'autre. L'enjeu de l'éducation est celui-là : renforcer l'excellence à tous les niveaux et faire que les très bons deviennent excellents. C'est une nécessité humaine et un impératif dans la compétition internationale des savoirs. En même temps, personne ne peut, ni humainement, ni socialement, ni économiquement, accepter que trop de jeunes gens soient laissés sur le carreau. L'école pâtit de trois maux qui la dépassent.

Le premier tient à ce qu'on demande à l'école de remplir des missions qu'elle ne peut pas remplir seule. On la surcharge de tâches qui ne lui appartiennent pas et qui nuisent à ses fonctions essentielles. Nous avons vu qu'elle ne pouvait pas à elle seule corriger les inégalités et que le lui demander la conduit non seulement à ne pas remplir sa mission première – enseigner –, mais aussi à ne pas apporter, par la diffusion de savoirs, sa contribution à une lutte plus globale contre ces mêmes inégalités. Il en va de même pour la deuxième mission qu'on lui assigne : l'intégration. Certes, l'école a pour fonction essentielle, quoique indirecte, de renforcer la socialisation, par l'apprentissage des règles de base de la vie en commun. Mais nul ne peut espérer qu'elle joue ce rôle lorsque les divergences sont excessives.

Le deuxième mal est lié à la contradiction entre les principes et les valeurs de l'école et ceux de la société. D'un côté, nous avons une communication effrénée, le règne de l'immédiateté et, point commun de cette évolution, l'inattention. De l'autre, l'école est fondée sur l'effort, la durée et la concentration. Cette dichotomie complique le travail de l'école auprès des jeunes gens d'aujourd'hui.

Le troisième mal est lié à la déconsidération pour le métier et au statut social des professeurs et des professions intellectuelles en général. Certes, l'hétérogénéité des mondes est surtout marquée pour l'enseignement supérieur et la recherche, qui sont plus étrangers chez nous que dans d'autres pays aux métiers de la haute administration et du secteur privé. Mais elle produit des effets sur l'ensemble de la profession. Le statut social des professeurs n'évoluera pas tant qu'on n'aura pas insisté sur les principes que l'école doit promouvoir. Cela passe par une vision de la société que nous entendons favoriser et qui doit être fondée sur le savoir, l'esprit critique, en somme les conditions de la liberté. Si la mission des enseignants est de « garder » des enfants et des adolescents et, au mieux, de leur donner le sens de la vie en société, l'image du métier restera peu favorable. Si, au contraire, on leur donne des objectifs qui contribuent à souder la nation et à transmettre à chacun un bagage essentiel pour sa vie future, de travailleur, de citoyen et de personne, on change la perspective.

S'il n'y a jamais eu de consensus sur l'école, c'est que le débat n'a jamais porté sur l'essentiel. Que doit faire l'école ? Que faut-il enseigner ? Quelles sont les priorités en termes de contenus et pas seulement de moyens ? Quelle idée nous faisons-nous du citoyen éduqué ? Dans quelle proportion doit-elle promouvoir la vie professionnelle, les principes civiques et la liberté de l'esprit par la connaissance et le raisonnement ? Elle a dès lors été fondée sur un flou entretenu quant à son organisation. Elle n'a pas su, faute de courage, aborder la question de l'hétérogénéité des classes et son caractère pernicieux pour l'enseignement et pour le suivi renforcé des élèves en difficulté. Elle a tu la réalité de la concurrence scolaire, à la fois légitime dans la situation actuelle, et inégalitaire.

Surtout, elle n'a pas abordé la question de l'amont. Sous prétexte d'une égalité de principe, elle n'a pas affronté l'un de ses objectifs majeurs : pousser au plus haut niveau possible chacun, et en particulier ceux qui proviennent des couches défavorisées. Nier l'hétérogénéité concrète de la société ne sert à rien. C'est la société qui classe, largement en fonction du diplôme « requalifié ». Il faut que chaque élève ait, le plus longtemps possible, toutes les chances de réussite devant lui.

Nous devons tenir ensemble les deux bouts de la chaîne. D'un côté, il faut renforcer tout ce qui développe l'excellence. Nous avons certes de nombreux étudiants, en nombre absolu plus qu'auparavant, capables d'affronter les meilleurs au niveau mondial. Mais nous n'en avons pas suffisamment et beaucoup s'alarment notamment du nombre déclinant d'excellents étudiants des disciplines scientifiques. De l'autre côté, l'ampleur de l'illettrisme – 10 % des individus ne savent pas du tout lire et 30 à 40 % sont perdus devant un texte de difficulté moyenne – est un drame national. Il amène un sentiment de déréliction morale, intellectuelle et cognitive. Cette perte de connaissance traduit un désapprentissage, certains élèves ayant parfois su lire à la fin du primaire et ayant « oublié » par la suite. D'autres évaluations montrent la difficulté de nombreux élèves à rédiger un texte simple et, à côté de rares gros lecteurs, le nombre de non-lecteurs s'accroît, beaucoup de jeunes n'ayant pas une pratique régulière de la lecture d'un livre entier. La perte de l'art de la dissertation à la fin de l'enseignement secondaire et dans l'enseignement supérieur témoigne d'une difficulté d'organiser et d'exprimer sa pensée de manière approfondie et argumentée. L'indifférence d'une large partie des élites à ces maux est le signe d'une indifférence envers les « humanités ». Or, les contenus éducatifs les plus formateurs de l'esprit critique sont liés à une attention qui va de pair avec le sens du beau. On commence à percevoir que ces contenus ont été délaissés dans l'enseignement supérieur et qu'ils sont nécessaires à la prise de décision et de distance et à l'élaboration d'une stratégie.

La révolution intellectuelle de la France débute par l'école et par l'université. L'urgence est la priorité à donner aux enseignements fondamentaux – histoire, philosophie, littérature – qui nourrissent la liberté de l'esprit et la disposition critique. Au-delà de l'entrée dans une profession, l'école ne prépare pas l'intégration dans une « communauté des citoyens ». Retrouver l'ambition de progrès portée par les Lumières, donner à tous une instruction digne de ce nom, ne pas permettre que se défasse dans la société ce qui s'accomplit à l'école, n'est-ce pas le premier moyen pour lutter contre la domination de quelques-uns ? À l'université et dans les organismes de recherche, seule l'évaluation externe au niveau international des enseignants et des chercheurs permettra de casser les systèmes de complaisance et l'endogamie. Créer les conditions d'un accueil durable des meilleurs étudiants, chercheurs et enseignants étrangers et inciter les nationaux à développer des activités internationales est une priorité pour les élites intellectuelles. Loin de limiter la qualité et la liberté de penser, la concurrence est leur meilleure alliée.

Selon la leçon de Tocqueville, le risque est que le citoyen se déprenne de penser et que, croyant juger de tout par lui-même, il n'adopte que la pensée moyenne, celle du plus grand nombre, la plus fruste et simpliste. Or, toutes les entraves à cette emprise sur l'opinion qu'évoque Tocqueville se révèlent, de son propre aveu, peu efficaces sur la durée. Ni la démocratie locale, ni les associations, ni un meilleur système de poids et de contrepoids, ne peuvent lutter contre la déroute de la pensée critique et l'écrasement des ambitions que les citoyens doivent forger pour leur nation. Même l'école peine à combattre l'irrationalité de l'opinion ; elle n'est plus une enclave protégée des influences sociales dont la force corrosive sur le travail de l'esprit est plus puissante que l'austérité et la solitude qu'il requiert. Les conditions de la vie démocratique tendent à araser toute pensée originale ou subtile et à marginaliser les œuvres de l'esprit.

On connaît la dénonciation classique, fréquente du côté républicain : les citoyens connaissent la propension à s'adonner à une forme d'apathie et au repli sur des préoccupations limitées qui, s'ils peuvent parfois éviter de grandes conflagrations, ne conduisent pas à de grandes civilisations. Mais il faut rappeler la proposition contraire : cette propension ne procure pas de satisfaction à un peuple qui attend autre chose du politique et dont tant l'apathie que la contestation panique ne sont que le symptôme d'un vide de projet. Tout se passe comme si, entre désertion civique et contestation pure et simple, il n'y avait rien. La médiocrité dorée n'est un idéal pour quasiment personne. Enfin, le trait fondamental de l'esprit démocratique réside dans l'évanouissement de la conscience historique. La crise de l'Europe tient à cela, au-delà des divergences entre les États : c'est moins son origine qui est oubliée que l'esprit de création qui en avait permis la possibilité.

Faut-il estimer qu'il n'est pas de solution *politique* au drame démocratique ? Le pessimisme résigné constitue-t-il la seule solution ? Contrairement à l'idée qui voudrait que cela ne soit pas populaire et un peu condescendant, les dirigeants politiques et les intellectuels doivent devenir capables de porter au cœur du débat la question de la civilisation – en somme, ce que notre société léguera à l'histoire. Il y a là une nouvelle frontière et, devant les nouveaux risques et peut-être les drames qui menacent l'Europe, le moment est venu d'un engagement « chaud » et substantiel. Le relativisme, l'indifférence envers la culture, la complaisance envers l'abrutissement des citoyens ont un coût collectif. Une sous-culture, incapable de forger la pensée et de nourrir la sensibilité, produit le repli, le sentiment de déshérence et le nationalisme ou l'accrochement suicidaire à des valeurs qui sont étrangères à l'idéal de la liberté démocratique. Pour un dirigeant, cela pourra être un avantage en termes de communication politique, à l'heure où les grandes figures paraissent avoir déserté la scène politique. C'est aussi par une plus grande égalité des conditions, dont Tocqueville percevait l'émergence pour s'inquiéter non de son principe mais de sa propension à se produire au bénéfice de l'esprit le moins développé, qu'on évitera ce drame annoncé de la démocratie : la fracture entre une population inquiète du devenir de la civilisation et une autre travaillant à sa perte, dans l'inconscience et, parfois, avec la destruction pour seul horizon.

LE DUALISME EN FRANCE, FORME D'OPPRESSION SOCIALE

L'oppression sociale dont il sera question doit être entendue dans son sens premier. On considérera ce qui crée un sentiment d'oppression plutôt que ce qui opprime, dont il a été question à propos de l'injustice. Certes, celle-ci oppresse, en ce sens qu'elle dessine un univers qui paraît intolérable et dont on désespère de pouvoir sortir. Mais elle crée *d'abord* des opprimés. Elle renvoie toutefois à quelque chose d'oppressant de manière plus générale : la division de la société française.

La première réalité est son hétérogénéité. Certes, chacun pourra reconnaître la richesse liée à la diversité et à la pluralité et y voir un gage de bonne organisation de la vie en commun. Le problème surgit lorsque ces sociétés diverses ne parlent plus le même langage, que les ambitions et les espérances de l'une deviennent étrangères à celles de l'autre, que le mouvement général des nations correspond à la vision de l'une et devient source d'angoisse pour l'autre. Au niveau individuel, cette situation engendre quelque chose d'oppressant, au sens où une personne ou un groupe de personnes ne sait pas comment en sortir. Telle est la réalité vécue par des millions de personnes qui ne voient pas, ni intellectuellement ni pratiquement, comment bénéficier de la mondialisation. Cette réalité est aussi pernicieuse sur le plan global, dans la mesure où ce mouvement multiplie les freins concrets au développement d'un pays.

Certes, il n'existe pas en France seulement deux sociétés, mais un plus grand nombre et quasiment chaque groupe voit, de manière plus ou moins indistincte, une société qui lui serait adverse. Nous pouvons toutefois observer deux formes de mouvement au sein de la société française qui renforcent les hétérogénéités comme les incompréhensions et rendent compte de trajectoires personnelles et « idéologiques » différentes. La première est marquée par la peur du monde, la demande de protection, l'envie de rester « chez soi » pour vivre et travailler, le souci d'une vie plutôt réglée et encadrée, l'espoir que les bouleversements du monde ne viendront pas changer l'essentiel et qu'il sera encore possible de conduire une politique volontariste dans un seul pays. La seconde témoigne d'une volonté d'arrachement aux déterminations nationales et locales, le désir d'affronter le vaste monde, y compris par la mobilité, car là se situent les opportunités, et, sur un plan personnel, une plus grande confiance en soi, le sentiment qu'il est nécessaire de « découvrir », ceci allant parfois de pair avec un éloignement du pays et sa critique.

La première catégorie est marquée par un sentiment oppressant : celui de ne pas pouvoir sortir, sans percevoir une solution à ses maux − souvent chômage, précarité, limites en tout cas de la « débrouille » individuelle, crainte d'un « autre » plus puissant, impression d'un avenir bouché pour ses descendants, désamour du travail pour ceux qui en ont − à l'intérieur du territoire national. Cette population, sans le théoriser, éprouve un sentiment d'enfermement qu'elle pourrait en théorie ne pas choisir, mais auquel elle est de fait contrainte. La deuxième catégorie perçoit la liberté et la prospérité dans l'initiative, un travail sans limitation de temps qui, économiquement, crée à son tour du travail, mais parfois aussi dans la fuite. Elle se situe dans une forme de rupture et d'indépendance. Qu'elle reste en France ou quitte le pays, elle témoigne d'une défiance envers le jeu des institutions et des pouvoirs, crée d'autres réseaux et affirme sa confiance en elle en menant un jeu personnel. Ce faisant, elle génère de la richesse, dont le pays a besoin, mais elle se situe dans une autre forme de marge et ne peut jouer un jeu marqué par la solidarité, y compris avec ceux qui ont effectué le même choix.

Souvent, des étudiants, des jeunes professionnels ou des personnes situées en milieu de carrière, bloqués en France – notamment dans l'université, la recherche ou la fonction publique –, tous dynamiques et talentueux, m'ont sollicité pour un conseil. Ils me demandaient si je leur suggérais de partir à l'étranger en évoquant les opportunités qu'ils avaient repérées. Que pouvait être ma réponse ? Si je regardais l'intérêt du pays, je devais leur répondre qu'ils devaient s'accrocher, persévérer, lutter pour vaincre les obstacles et faire taire leurs frustrations et leur dépit. Si je considérais leur intérêt personnel, souvent mes hésitations tombaient : oui, il leur fallait partir, en espérant seulement qu'il y aurait un retour. Car je savais que si la société savait tirer parti de ce qu'ils avaient appris ailleurs, cela nous enrichirait. Mais je n'étais pas sûr que cela soit le cas aujourd'hui.

IV

Des institutions contre l'impuissance ? Encore un effort...

De même qu'il convient de penser l'État avec le libéralisme et non pas l'un contre l'autre, il est absurde d'opposer la force des institutions et leur rôle constitutif de la liberté des peuples. Alors que la faiblesse de l'État est plus à redouter que sa force, la première menace plus les libertés que la seconde, qui est de nature à les renforcer. L'une des réflexions indispensables porte sur ce qui produit le développement d'une classe politique apte à prendre de bonnes décisions, c'est-à-dire d'abord des décisions.

En France, ces questions n'ont quasiment jamais été soulevées au cours d'un débat sur les questions institutionnelles, obscur à la majorité des citoyens. Le problème reste posé dans les termes classiques du débat entre l'exécutif, le législatif et le judiciaire, mais il faudrait plutôt dire entre les fonctions de cette nature qui peuvent être en fait assurées par chacune de ces trois branches : au sein même de l'exécutif, il existe des fonctions, confiées à des organes particuliers, qui ont un rapport étroit avec des fonctions quasi juridictionnelles, et il en existe aussi au sein de la branche législative. En même temps, le partage entre l'exécutif et le législatif, qui vaut quant à son principe dans l'ensemble des pays, n'a pas débouché en France sur une coopération suffisante, au détriment du législatif. L'exécutif reste une sorte de lieu clos, auquel manquent des influences extérieures et une forme de pluralisme institutionnalisé.

À tous les niveaux du système, l'organisation d'un système de poids et de contrepoids reste insuffisante. Sans doute, les menaces effectives pour les libertés sont-elles relativement exceptionnelles, dues à des lois malheureuses ou à des déviances quand même rares dans la pratique policière, déviances qui exigent dans toute démocratie une « tolérance zéro ». Le manque le plus flagrant réside dans l'absence de regards croisés et multiples au regard de la prise de décision. Le système institutionnel a plutôt tendance à produire de la mauvaise décision et, parallèlement, à créer une forme de politique dont les effets ne sont ni réellement contrôlés ni correctement suivis.

L'essentiel est de restaurer une chaîne courte de la décision fondée sur la responsabilité et la maîtrise en même temps de la conception et de l'exécution.

DE L'ADMINISTRATION : LA DÉCISION, OU COMMENT NOUER STRATÉGIE ET INTENDANCE ?

Aujourd'hui, ceux qui sont censés mettre en œuvre la réforme de l'État sont dans la position de cet aimable fou qui cherche sous le réverbère la clé qu'il a laissé tomber. Sous le réverbère, il voit des réformes évidentes, visibles, qui concernent les formulaires, le défaut de productivité, un certain nombre de freins dans la gestion. En revanche, il ne regarde pas ce qui est dans l'ombre, tâche autrement difficile, et qui est pourtant l'essentiel, c'est-à-dire ce qui tient la réforme de l'État.

À quoi sert l'État ? Quelles sont ses missions et ses fonctions ? Comment doit-il évoluer d'ici quinze ans ? Quelles sont les priorités qu'il lui faut défendre, sur la scène intérieure et internationale ? À partir de ses missions, de ses objectifs, qui ne peuvent pas être les mêmes suivant la couleur politique, l'orientation et les choix du gouvernement, comment gérer le redéploiement des administrations, les structures, le personnel, c'est-à-dire à la fois le nombre, les compétences et les qualités ? Ces questions sont simples en apparence, mais y répondre suppose de mettre en place des dispositifs d'analyse et de stratégie qui font défaut.

Certes, on ne saurait être uniquement négatif. Depuis une trentaine d'années, les améliorations ont été nombreuses. L'usager est mieux reçu qu'il ne l'était par les administrations, l'administration électronique s'est développée et, grâce à la loi organique relative aux lois de finances (LOLF) du 1er août 2001, le budget connaît une présentation plus compréhensible et cohérente et nous nous approchons d'une meilleure connaissance des résultats. Toutefois, par rapport à ce que font certains de nos voisins, lorsqu'on voit leur capacité à passer à l'acte, nous sommes en retard. Nous avons l'art d'accumuler les rapports, mais aucun gouvernement n'a la célérité nécessaire dans la prise en compte de leurs recommandations. En France, les rapports servent à différer ; à l'étranger, ils sont commandés par un gouvernement lorsqu'il est décidé à agir. Cette pusillanimité ne tient pas essentiellement à un manque de volonté, mais à un défaut de stratégie, d'intelligence collective comme de compréhension et au peu de souci pour l'intendance de la plus grande partie de la classe politique, c'est-à-dire pour la salle des machines à partir de laquelle on peut faire fonctionner ou, au contraire, on ne parvient pas à faire fonctionner notre État.

Le premier déficit en termes de conception de la réforme de l'État est un déficit de capacité stratégique. Nous n'avons pas d'instance interministérielle susceptible d'éclairer les choix à moyen terme, les risques, les enjeux et, à partir de cette réflexion, capable de mettre ensemble des personnes pour définir les priorités et le mode opératoire. Car ces trois éléments – pensée stratégique, réflexion sur les priorités, donc les choix politiques, et, après, mode d'action – doivent être joints. Rien ne sert de faire de la stratégie en chambre sans se colleter à la réalité. Définir les priorités sans penser à leur traduction revient à ce que rien ne soit, dans les faits, prioritaire. Dire qu'il existe des priorités, c'est établir des hiérarchies et, dans un univers de rareté budgétaire, sacrifier en connaissance de cause certaines actions, même si une priorité politique n'est pas systématiquement une priorité budgétaire. Ne penser qu'au mode opératoire, c'est remplacer la décision politique par la routine technocratique et confondre les instruments et les fins. De tels manquements expliquent le caractère timoré, mal préparé et teinté d'amateurisme de maintes réformes.

Rares sont les lieux qui permettent aux différentes sphères de travailler ensemble sur les mêmes problèmes. Le monde académique est parfois appelé à titre de caution, mais les outils manquent, de part et d'autre, pour que les avis soient transformés en « mesures ». Les cabinets et les administrations ont beau jeu de prétexter un « manque de temps ». Comment ne pas citer ce mot entendu il y a quelques années : « Il serait dangereux que le pouvoir politique se sente lié par un conseil ou une analyse » pour expliquer la réticence à la mise en place des structures d'aide à la décision sur les sujets internationaux et de société ? Le contraire est pourtant vrai : mieux le politique est éclairé par des avis divers et souvent divergents, plus il acquiert de latitude pour décider en connaissance de cause. S'il le refuse, nulle stratégie n'est possible et les choix se restreignent. La capacité stratégique de l'État ne se développera pas s'il n'est pas mis fin à la coupure entre les différents mondes. Pour définir des objectifs, il est essentiel de mettre ensemble des personnes de disciplines et de cultures différentes. C'est le meilleur antidote contre le conformisme et l'absence de vision. Nous avons besoin de plus de lieux d'aide à la décision à la fois divers dans leur composition et directement branchés sur les instances opérationnelles. Rien ne serait pire que des structures de réflexion marginalisées, sortes de caution intellectuelle au refus de penser. Ces structures doivent être publiques, mais nous avons aussi besoin de grandes fondations de recherche privées à vocation opérationnelle. La capacité à élaborer et à diffuser des concepts est également déterminante pour notre influence internationale dans les domaines stratégiques, économiques et sociaux.

Ce défaut est manifeste sur le plan interministériel, mais également ministériel, puisque nombre de ministères ne se sont pas donné les moyens de définir une stratégie et de l'articuler à des choix opérationnels. Les structures chargées des études, de la stratégie et de l'évaluation dans les ministères sont marginalisées, séparées des directions opérationnelles et assez éloignées – y compris parfois géographiquement – du ministre, alors qu'elles devraient être situées à côté de lui et avoir un libre accès à son bureau.

Nous manquons également de faculté d'embrayage sur le réel : il est bien de faire des plans généraux, des stratégies, mais il faut être capable de dire comment les appliquer, compte tenu des rapports de force, des oppositions et des contraintes de tous ordres. C'est aussi décisif pour restaurer la crédibilité du politique et répondre aux citoyens qui estiment que les discours ne sont que des paroles sans portée. Il n'y a pas de stratégie sans capacité d'arbitrage, sans faculté de définir des éléments de négociation et d'articulation de ces éléments dans le temps.

Un exemple frappant est celui de la fonction publique. Un rapport[1] a mis pour la première fois en évidence – c'est devenu depuis un lieu commun du discours politique – le renouvellement démographique extraordinaire des fonctions publiques entre 2000 et 2015. Même si tous reprennent nos conclusions, peu de décisions sérieuses ont été prises. La décision de non-remplacement d'un fonctionnaire sur deux partant à la retraite obéit certes à des considérations budgétaires, mais la décision n'a pas été prise en fonction d'une analyse des missions de chaque administration et de la contribution de la fonction publique à leur réalisation. Comment traiter les conséquences de ce renouvellement ? Comment penser de manière opérationnelle ce qu'il faudrait faire pour ne pas gâcher cette unique conjonction de planètes ? Comment ne pas sacrifier aux discours traditionnels, soit du trop, soit du trop peu de fonctionnaires, discours identiquement

---

1. Bernard Cieutat, Nicolas Tenzer, *Fonctions publiques : enjeux et stratégie pour le renouvellement*, rapport du Commissariat général du Plan, La Documentation française, 2000.

imprécis et non nourris par une analyse précise des missions, des priorités, des structures et des compétences, domaine par domaine ?

Traiter de ce dossier est simple en théorie : nous devons définir les priorités, analyser comment fonctionnent les structures des ministères, repérer les compétences disponibles et celles dont nous avons besoin et bâtir sur cette base un donnant-donnant avec les organisations syndicales. Or, ceci suppose un mode opératoire que nous avions défini, mais qui n'a jamais été mis en place. Une réflexion d'abord qualitative et contradictoire − notamment avec le Parlement − sur les enjeux à dix ans a aussi fait défaut.

Le deuxième problème tient à un déficit de concertation. La concertation n'a pas sa place uniquement quand une réforme a été décidée, mais elle doit être organisée dès le moment où l'on réfléchit aux réformes possibles. Avec les organisations syndicales et patronales, mais aussi de plus en plus les ONG, elle doit être permanente, informelle en partie et systématisée. Or, les gouvernements successifs n'ont pas pris la mesure de ce que cela signifiait en termes d'organisation. Personne n'y est opposé, mais on en donne l'impression dès lors qu'on ne s'emploie pas à rendre une intention concrète. Tel important responsable syndical me disait que le fait qu'il n'y ait pas cette réflexion constante et continue en amont produisait un déficit de maturation et de mûrissement à l'intérieur de sa propre organisation syndicale. Nous avons perdu beaucoup de temps, faute de professionnalisme. Or, la faculté d'organiser la négociation et, en amont, la discussion informelle participe de la réforme de l'État.

Dès lors, ceux qui sont censés piloter la réforme n'en ont pas les moyens matériels, quelle que soit leur volonté. Nous n'avons pas de pilotage interministériel concret, opérationnel, nourri par une vision à moyen terme de la réforme de l'État. La mise hors jeu du politique est le produit d'une déficience d'outils de stratégie et d'action de la part du gouvernement. Il n'existe pas d'implication personnelle de la plupart des dirigeants dans la définition d'une stratégie pour l'État, encore moins du Parlement. Certains fonctionnaires, de manière cloisonnée, quelles que soient leurs qualités, accaparent le processus de réforme. Certains corps bloquent la plupart des réformes de la fonction publique. D'autres, à tous les niveaux, font avancer les choses, souvent de manière microscopique, de façon non reconnue, parce que les bons gestionnaires sont moins récompensés, faute d'être près du pouvoir, que les faiseurs de loi. La tête bloque fréquemment plus, soit par indifférence, soit par corporatisme, que la masse de la population et que les fonctionnaires les plus directement affrontés aux exigences de l'action.

La réforme n'entraîne pas nécessairement une révolution sociale. Avec plus d'intelligence stratégique et une conception claire de l'objectif, un donnant-donnant vertueux avec les organisations syndicales est possible. Faute de stratégie, les revendications les plus immédiates et les peurs dominent. Le sommet est souvent le premier responsable de l'absence de réforme.

Comment transformer l'État ?

Plusieurs paradoxes gouvernent notre compréhension de l'État. D'abord, contrairement à une idée reçue, son problème principal est qu'il est insuffisamment fort et non pas trop puissant. Par absence de force, il faut entendre à la fois sa difficulté à agir, notamment sur le long terme, et l'insuffisant engagement de l'ensemble des institutions, y compris avec un jeu de contrepoids et contre-pouvoirs, en particulier parlementaires, dans une stratégie ordonnée. Il existe aussi deux manques concrets, faussement opposés : en amont du processus de décision et au dernier stade en aval. En amont, sa capacité à définir les missions à moyen et long termes est limitée et sa capacité d'anticipation quasi nulle. L'organisation d'une programmation pluriannuelle reste aléatoire sauf pour les grands équipements, projets d'aménagement et investissements d'avenir. En aval, il existe un problème de prise en compte par la décision des considérations « d'intendance », c'est-à-dire de mise en application des choix dans l'action de tous les jours.

Cette question provient d'un problème d'identification de l'État par la société, qui lui semble souvent extérieur, parfois opposé. C'est une instance à laquelle on adresse des demandes et des revendications. Cette réalité entretient un lien avec une double crise de l'État contemporain dans plusieurs pays : d'abord, le passage de l'État positif à l'État négatif, non pas celui qui agit pour faire et réaliser, mais celui qui est censé régler tous les maux de la société et qui paraît de moins en moins capable de le faire – c'est l'État Sisyphe –, étant conduit à accumuler des déficits publics qui aggravent plutôt qu'ils ne résolvent cette impuissance ; ensuite, une perte du sentiment de l'État garant en dernier ressort, non seulement en termes de protection, mais surtout de justice.

Dès lors, le processus de réforme connaît des succès limités. Les réformes réelles dans les domaines de la gestion, de l'accueil, de l'informatisation, de la prise en compte des usagers, malgré des progrès encore possibles, s'accompagnent de limites dans le processus de prise de décision. Cette situation s'explique par la confluence de deux tendances, l'une réelle et concrète, l'autre « normative » : l'accentuation des exigences dans le domaine de la dimension managériale renforce le pouvoir à la fois du terrain – mais dont les moyens d'action et de remontée des informations sont limités – et de chaque administration sectorielle en particulier, alors que les exigences de la compétitivité des États et de la conception d'une stratégie de long terme devraient conduire à une accentuation de la dimension interministérielle de son action. Or, les mécanismes de coordination et de redéploiement, notamment budgétaire, à ce niveau font défaut.

Les conséquences en sont paradoxales sur la fonction publique dirigeante de l'État : accroissement des exigences en termes managériaux parfaitement justifié et réalisé, mais double impasse du côté de la vision que peuvent – et doivent – porter les fonctionnaires de direction. Les compétences techniques y sont privilégiées par rapport aux aptitudes stratégiques, alors que la professionnalisation de la vie politique renforce le besoin d'aide à la décision du côté de cette fonction publique. Du côté politique, cet espace d'aide à la décision n'est pas toujours réservé à la haute fonction publique par des politiques qui craignent pour leurs prérogatives.

La transformation idéologique de l'État

Pourquoi est-il important de conjuguer la dimension descriptive et l'aspect normatif ? Parce que la transformation concrète dépend des pressions de l'extérieur, telles que les exigences des citoyens, la prise de conscience des politiques et les obligations internationales, mais que les réponses pratiques ne prennent pas toujours en compte les exigences durables et permanentes. Il est des transformations apparentes et superficielles et d'autres plus « structurelles ». Il faut ainsi critiquer une conception strictement managériale selon laquelle cette nouvelle gestion publique est la réponse. Sous la pression d'esprits peu subtils, certains dirigeants français l'ont prise pour argent comptant alors même qu'elle commençait à être rejetée ailleurs. Les théories de l'État régulateur ont joué un rôle de dissimulation des problèmes de déficit de stratégie lorsqu'elles ont été présentées comme *la* réponse lorsqu'elles étaient au mieux une réponse partielle.

Le processus de transformation apparent est lié à quatre mouvements de fond qui concernent aussi les exigences adressées aux États. Le premier correspond au contexte de croissance des prélèvemêts obligatoires, parfois aussi de révolte fiscale, toujours de revendication des citoyens de comptes rendus. Il correspond à ce que les Anglo-Saxons désignent par l'exigence de rentabilité, de performance et de productivité. Cette tendance est compréhensible, mais elle déporte l'attention vers ce qui est mesurable, fractionné et ce que les citoyens peuvent voir, comme si la réforme de l'État devait répondre surtout à une attitude consumériste. Le deuxième élément de contexte est lié à la démocratisation, qui a concouru à exiger une participation accrue des acteurs à la définition des objectifs et à la gestion, la simplification des procédures et un moindre hermétisme des textes et des décisions administratives. Les progrès incontestables posent la question de la finalité qui peut se dégager de l'élaboration partagée de la norme et du poids des groupes d'intérêts. Ensuite, nous vivons dans un contexte de complication des politiques publiques qui va de pair avec une moindre clarté des objectifs, couplée avec une désorientation liée à l'importance des résultats managériaux, mais souvent à la maigreur de ceux en rapport avec les objectifs. Le changement des paradigmes dans le discours des politiques conduit à un discours rassurant pour les managers mais peu crédible pour des citoyens insatisfaits sur des questions telles que l'école, la sécurité, l'intégration, la santé publique et la redistribution. Enfin, dans le contexte lié à la pression du local, noué au sentiment d'une moindre efficacité de l'État, à la personnalisation générale de la politique et à une déresponsabilisation du politique central devant les défis à résoudre, il existe une demande simultanée de gestion de proximité et de reprise par le pouvoir central de ses prérogatives. Cela signifie conflits négatifs de compétence, accroissements du nombre d'acteurs impliqués pour toutes les politiques, difficile appréciation des contours exacts du territoire de la solidarité, moindre perception de la congruence entre le territoire national et le lieu d'exercice de la responsabilité de l'État.

Le discours habituel fait apparaître des failles : une attention accrue aux moyens et moindre aux fins, une clarté moins éblouissante des objectifs propres de l'État et de ceux qui peuvent être partagés, une faible compréhension des finalités et une désorientation des gestionnaires de base, une confusion du rôle des différents acteurs, une plus faible capacité d'agir dans la durée et une moindre prise sur les choses. Ce processus d'évitement ne permet pas de répondre à la nécessité de transformations moins apparentes, mais plus fondamentales. La plupart des États, dont la France, ont effectué les transformations les plus faciles, mais pas les plus compliquées et contraignantes. Le contexte nouveau porte d'autres exigences.

La première est d'anticipation : comment l'État anticipe-t-il les défis à relever, les risques, l'évolution du comportement des autres pays, voire les conséquences des règles qu'il a lui-même fixées ? Comment apprécie-t-il l'évolution de la société, ses préoccupations, ses besoins effectifs, l'esprit public ? Une telle anticipation et une construction de scénarios nous sont nécessaires, afin d'adapter l'administration à ces nouvelles données. La seconde est de stratégie : comment l'État définit-il une stratégie et des objectifs, puis des missions et des structures pour les accomplir ? L'une des racines de l'incompréhension de l'État par les citoyens tient au fait qu'il est souvent englué dans des stratégies surtout négatives, ou présentées comme des contraintes : il faut régler le problème des retraites, équilibrer la Sécurité sociale, combattre la délinquance, réduire le chômage, etc. Manque une stratégie positive et « conquérante », à l'exception des universités. L'État doit réapprendre à poser la question : qu'est-ce que nous voulons ?

Plus que hier, il a besoin d'une capacité d'action rapide et de « mobilité des facteurs », comme disent les économistes. C'est vrai pour la stratégie extérieure, avec le redéploiement des moyens et des ambitions sur les zones émergentes et en croissance, mais aussi pour l'environnement, la justice et la recherche. Or, ce redéploiement des moyens est obéré par un manque de stratégie et de structure interministérielle de décision. Enfin, l'État doit être capable de mobilisation : le corps social est en attente de règlement des difficultés (de vie quotidienne, de niveau de vie, d'emploi, de charges pour les entreprises), mais ne se sent pas investi d'une mission partagée pour atteindre des objectifs tels que le redressement du commerce extérieur, la lutte contre le changement climatique et l'intégration sociale. Il existe une dispersion des acteurs qui ont chacun leurs priorités et parfois leurs clientèles, ce qui rend la puissance publique plus indispensable en France qu'ailleurs.

Si l'on veut passer de l'apparence à la réalité, il convient de rompre avec deux théories qui ont cours en France, alors qu'elles sont de plus en plus critiquées ailleurs. Elles ont perturbé la compréhension des enjeux de l'État ou les ont appauvris. Ce ne sont pas des théories complètement inexactes en termes descriptifs, même si ce sont des théories autoréalisatrices en ce qu'elles ont incité à des comportements en leur sens de la part des pouvoirs publics. Elles ont donné une vision partielle et donc fausse de la nature de l'État et, partant, de ses missions.

La première théorie, dite néomanagériale, n'est pas la plus inquiétante. Elle a toutefois laissé induire l'idée que le fondement de la modernisation de l'État résidait dans la gestion, que conséquemment les managers étaient l'avant-garde de la transformation de la puissance publique, que le processus de réforme était d'abord progressif et fondé sur l'expérience et qu'une forme de dépolitisation était la condition du succès. Cette théorie est centrée sur les processus de changement, mais met sous le boisseau la question de la décision, du pouvoir et de la finalité. Elle présuppose une rationalité des gestionnaires qui contient, aux deux sens du terme, celle du politique, c'est-à-dire elle l'assimile et limite ce que la rationalité politique pourrait avoir d'irrationnel. Cette théorie élimine le jeu des institutions et l'interférence entre le monde de la décision publique et le corps social dans sa diversité.

La seconde théorie est celle de l'État régulateur. Il faut tenir compte du contexte pour l'apprécier. En parler au Royaume-Uni de Margaret Thatcher, c'était apparaître comme un dangereux étatiste. Dans les États-Unis d'aujourd'hui, après la crise financière, nonobstant l'importance de l'intervention de la puissance publique américaine dans de nombreux secteurs de la vie économique, c'est se présenter comme social-démocrate. En France, notamment dans les années 1990, c'est apparu comme une manière de rompre avec l'interventionnisme, de limiter le rôle de la puissance publique, en en faisant d'abord le surveillant de l'économie et, partiellement, de la société, conformément à la théorie de l'État gardien de zoo. Sur certains points, elle répondait à une perception exacte : l'heure n'est plus à l'intervention massive et tous azimuts dans l'économie, à l'orientation des priorités privées par des taux du crédit administrés, à la production sous contrôle étatique de certains biens ou à la délivrance de services naturellement concurrentiels. Il existe aussi un besoin propre de régulation, c'est-à-dire à la fois de réglementation et de garantie d'un équilibre – électricité, télécommunications, concurrence –, conformément à l'idée du rétablissement d'un fonctionnement du marché noué à une idée de la justice. Cette théorie est fondée à partir du moment où elle décrit une partie du fonctionnement réel de l'État et en annonce certaines tâches futures. Mais elle a été extrapolée dans un sens abusif car globalisant : « la nature de l'État est d'être régulateur », et non « il existe des missions de régulation de l'État ».

La conséquence de cette idéologie a été que l'État produit de moins en moins de règles, mais définit des procédures de règlement des différends ; selon elle, il n'a pas à projeter un dessein, mais à équilibrer ceux des acteurs sociaux et n'a pas à définir une stratégie propre, notamment de puissance, mais à rendre compatibles celles des groupes en son sein. L'État devient un réceptacle, un lieu de convergences, non un acteur ayant une ambition propre à projeter dans l'espace et dans le temps. On voit combien, dans un pays comme la France, où l'identification est forte entre l'État et le politique, cette implosion de l'État a produit un manque, qui se concrétise dans la faiblesse de la décision.

À la recherche de la décision

Ce sont les dysfonctionnements dans le processus de décision qu'il importe de corriger. Souvent, on distingue deux questions de base : « Qu'est-ce que décider ? » et « Qu'est-ce qu'une bonne décision ? » Le repérage des dysfonctionnements français montre que cette double question n'en forme qu'une seule.

Décider est un acte aux multiples composantes : faire un choix informé, en fonction de la situation, de scénarios d'évolution, de risques, mais aussi des autres politiques que ce choix peut perturber, choix articulé autour d'une stratégie ; prendre des mesures dans un cadre institutionnel – lois, décrets, diverses mesures d'application – ; mettre en œuvre cette décision dans la durée et donc prévoir les structures qui vont exécuter et former le personnel, mais aussi repérer les relais hors sphère publique qui vont contribuer à mettre en œuvre cette décision ; mesurer et évaluer les conséquences de celle-ci dans le cadre d'un suivi et l'adapter aux circonstances et aux contraintes nouvelles.

En France, les obstacles à la décision sont multiples et situés en amont par rapport à la question de la bonne décision, au sens formel du terme : le défaut d'interministérialité, avec le problème du redéploiement budgétaire et le faible nombre de structures responsables du long terme, le manque de pluralisme institutionnel, la coupure entre les stratèges – ou pseudo-stratèges – et les responsables de l'exécution et un déficit d'organisation du retour sur expérience.

Les exemples récents de réforme de l'État montrent sur quoi butent ces processus. Ainsi, la révision générale des politiques publiques qui part d'une intention fondée : réexaminer l'ensemble des dépenses à partir du premier euro dans le cadre d'une organisation pilotée par le plus haut niveau de l'État afin d'en finir avec les demi-mesures liées à l'absence de pouvoir réel des instances chargées précédemment de la réforme de l'État. Toutefois, ce processus a reposé sur une organisation fermée, marquée par des travers français : un manque de pluralisme des équipes, une absence d'association du Parlement, une réflexion faible ou formelle sur les missions et une absence d'organisation de la contradiction. Elle a aussi pâti d'une confusion des objectifs : révision des missions, amélioration du fonctionnement de l'administration et surtout réduction des dépenses, au demeurant plus faible qu'annoncée. Enfin, ce processus ne s'est pas inscrit dans une stratégie explicite et parlante pour les acteurs. Si, dans les documents officiels, il était affiché que la réforme de l'État ne devait plus être vécue comme extérieure par les citoyens, dans les faits l'articulation a été faible entre la réforme et les objectifs politiques censés lui conférer ses orientations.

Pourquoi l'internationalisation doit-elle modifier l'organisation des États ?

Reste un facteur à prendre en compte : celui de l'internationalisation. Il ne faut pas le prendre comme un slogan ou une contrainte incoercible, mais comme un processus qui doit pénétrer le processus de réforme autant que son contenu en y apportant des éléments positifs. Ce déterminant relativement nouveau va s'accroître dans les prochaines années. Les États singuliers ne sont pas seuls. De manière croissante, la compétitivité des appareils publics sera un élément majeur de la compétitivité des économies. Cette dimension va au-delà des disciplines budgétaires liées à la zone euro. Les exigences d'anticipation seront accrues dans un cadre où la plupart des États seront conduits à faire partir d'alliances élargies, régionales ou non, où ils exerceront un rôle de premier plan dans les équilibres du nouveau monde.

Les États devront renforcer l'attractivité de leurs territoires et leur inclusion dans des réseaux d'échanges commerciaux. Il leur faudra bien se placer dans la compétition universitaire et en matière de recherche, se mobiliser dans la « guerre » des droits et des normes et s'affronter à la concurrence pour l'obtention d'une main-d'œuvre de qualité. Ceci aura des conséquences budgétaires tant directes – rentrées fiscales liées à la croissance – qu'indirectes – marges de manœuvre pour l'allocation de ressources budgétaires contraintes sur les secteurs productifs plutôt que sur les budgets de transfert, telles les allocations chômage et les aides à l'emploi.

Cette évolution obligera à un retournement de la tendance observée depuis les chocs pétroliers des années 1970 en Occident, qui a vu le passage déjà évoqué d'un État positif – planificateur, investisseur, définissant de « nouvelles frontières » – à un État négatif essentiellement chargé de raccommoder les filets sociaux de sécurité et de soigner les maux aggravés des sociétés en croissance faible et à chômage élevé. Cette nouvelle mobilisation conduira à transférer les impératifs du plan Marshall de l'après-guerre – reconstruction, orientation des crédits vers le tissu productif, effort considérable de formation, investissements – vers une mobilisation dans un cadre international. Cela aboutira à un changement dans le processus de planification ancien, abandonné à bon droit dans les années 1980, vers une stratégie organisée de programmation des objectifs dans un cadre plus large et, par conséquent, incertain.

Le premier changement doit s'opérer dans la conception de la stratégie. Jadis, la stratégie était essentiellement linéaire. Aujourd'hui, elle est plus indirecte puisqu'elle doit tenir compte des règles de la négociation et du jeu de l'influence. Elle oblige à mieux faire le départ entre ce qui est négociable et ce qui ne l'est pas et à définir des objectifs à moyen terme. Dans les négociations européennes et internationales, les plus forts sont capables de définir des objectifs à cette échéance, les faibles ceux dont les moyens sont mobilisés d'abord pour obtenir des succès tactiques de court terme.

Ensuite, tous les États grands et moyens, et la France en premier, connaissent une nouvelle obligation de puissance. Celle-ci n'est pas d'abord militaire, mais elle concerne tout ce qui contribue à la compétitivité du pays – qualité des universités et de la recherche, formation, brevets, attractivité du territoire, entreprises de grande taille, mais aussi de taille moyenne, dont nous manquons, suffisamment solides pour affronter le monde. Cela crée une obligation d'orienter l'ensemble des activités dans cette perspective-là avant toute autre, tout en négociant avec les citoyens les adaptations, en prévoyant des compensations et en définissant une clé juste de partage des efforts. Une telle évolution doit conduire à une réappropriation par l'ensemble des acteurs d'une stratégie d'intérêt national.

Cette nouvelle réalité du monde fait également que la puissance publique est de moins en moins la seule à agir. Les entreprises, les fondations, les universités, les centres de recherche et les ONG sont devenus des acteurs devant relayer et accompagner les objectifs de puissance publique. Cette situation crée un besoin accru de coordination, qui passe par la mise en place d'instances de discussion pour que les objectifs soient partagés. Elle doit conduire à un partage de l'information, y compris sur des sujets sensibles, et à un moindre monopole de celle-ci aux mains du secteur public. On est loin de la disparition des États, d'autant qu'ils seront, plus que les institutions internationales, et même en leur sein, les acteurs majeurs du XXIe siècle. Les États les plus forts seront ceux qui auront réussi à ménager des espaces d'intelligence en dehors d'eux et qui bénéficieront des contrepoids et contre-pouvoirs nécessaires, lesquels apparaîtront comme des relais à leur action dans le monde.

CRÉER DES INSTITUTIONS : L'ORDRE DES RAISONS

L'outil de pilotage au niveau du Premier ministre et des administrations qui dépendent de lui est soit absent, soit dans une position de grande faiblesse. Il en va ainsi de l'évaluation et du suivi de l'application des décisions, y compris des lois. La solution ne réside pas dans le mécano administratif, mais dans l'*empowerment,* c'est-à-dire la capacité d'aller jusqu'au bout et de faire que l'idée entre dans les faits. Nous ne moderniserons pas nos institutions sans leur donner une capacité d'agir grâce à la présence de structures d'appui.

La première nécessité est de connaître la société française. Obligation évidente si l'on en juge par les événements politiques (21 avril 2002, 29 mai 2005, crise des banlieues, crise du contrat première embauche, crise de confiance en général) qui ont montré une méconnaissance des attentes et des peurs de l'opinion, mais dont les gouvernements se sont allègrement dispensés. Certes, cet observatoire ne les eût pas nécessairement évités, mais on aurait pu mieux les prévenir et, peut-être, les hommes politiques eussent été incités à agir différemment. Le manque de compréhension de la réalité, le fait que la société apparaisse à beaucoup comme une boîte noire, que personne ne connaisse les effets concrets de nombre de décisions prises en matière économique et sociale, est inquiétant et doit être corrigé si l'on souhaite que les Français reprennent confiance dans la politique. C'est dans cette perspective que j'ai proposé en 2000, puis en 2002, que soit créé un observatoire de la société française placé auprès du Premier ministre, chargé de conduire des études lourdes, approfondies et systématiques sur l'évolution des inquiétudes, des aspirations, des représentations et de la réception des politiques par les différents segments de la société. Il aurait soit fédéré, soit regroupé les travaux des organismes existants. Plusieurs fois, il m'a été répondu par des proches d'anciens Premiers ministres que cela n'était pas utile à l'action gouvernementale ! Le Conseil d'analyse de la société, créé depuis, ne remplit pas, faute de moyens, de telles missions. Connaître le corps social fait également partie de l'action de l'État, de sa réforme et de sa stratégie de réforme. Or, la plupart des ministres et des membres de cabinet fonctionnent de manière quasi autarcique, sans curiosité ni intérêt pour la connaissance. Pour paraphraser le titre d'un livre de Michel Foucault, c'est la volonté de ne pas savoir !

La deuxième institution nécessaire serait un Conseil d'analyse européenne et internationale[1]. Nous manquons d'une capacité de penser l'évolution du monde, de connaître et de fédérer les réseaux d'acteurs internationaux et européens avec lesquels nous sommes en relation. Notre politique d'influence et de proposition manque d'un outil sur le moyen

---

1. Voir le rapport que j'ai rédigé pour le groupe présidé par l'amiral Jacques Lanxade, *Organiser la politique européenne et internationale de la France*, rapport du Commissariat général du Plan, La Documentation française, 2002.

terme. Il est important de tenir tous les bouts de la chaîne : réflexion, contact, c'est-à-dire établissement de réseaux internationaux, car la France plus que d'autres pays est coupée des lieux de réflexion internationaux, et mise en œuvre opérationnelle d'une stratégie. Il est indispensable si l'on entend apprécier à leur juste place les évolutions du monde, d'émettre des propositions sérieuses et de diffuser nos idées – ce qui suppose d'abord d'en avoir. Nul ne définit, sur l'ensemble des domaines de notre politique extérieure, les priorités à moyen terme par zone et par pays et n'organise les circuits de remontée d'informations et nos ambassadeurs ne disposent guère d'instructions crédibles et applicables sur la collecte de renseignements et la politique d'influence. Le renforcement, plusieurs fois annoncé, de la cellule élyséenne chargée de la politique étrangère et de sécurité pourrait préfigurer une telle évolution. Il restera à apprécier jusqu'à quel point la présidence pourra s'impliquer dans la formulation détaillée d'une stratégie et l'organisation de notre action en conséquence. Nous pâtissons en France de l'absence d'un « milieu » large capable de produire des analyses internationales comme il en existe dans la plupart des autres grandes démocraties. Il importe que les contrepoids ne soient pas uniquement internes à l'administration – ce qui est certes fondamental –, mais prennent leur source dans la société.

Ensuite, il convient d'élaborer une stratégie à moyen terme, dans un lieu ouvert pour mettre sur le tapis les défis de l'heure – syndicats, monde académique, ONG, experts français et étrangers. J'avais suggéré la création d'une délégation générale à la stratégie qui a inspiré la transformation en 2005 du Commissariat général du Plan en un Centre d'analyse stratégique qui n'a de fait rien à voir. En effet, nul organisme ne coordonne le processus stratégique opérationnel à moyen terme sous l'autorité du gouvernement. Nulle institution n'est chargée, au-delà de commissions ponctuelles, d'assurer une fonction stratégique dans la durée. Corrélativement, un tel organisme travaillerait sur les missions de l'État à moyen terme, seule manière de penser la réorganisation des structures de l'administration et l'ajustement de ses effectifs. Le Conseil de modernisation des politiques publiques, créé en 2007, rattaché au président de la République, aurait pu remplir ce rôle. Or, l'absence d'expertise extérieure indépendante et, par définition, le faible temps que peuvent y consacrer les plus hauts responsables de l'État, ont privé ce conseil d'une vision à moyen terme sur les missions. Il s'est plus attaché à un jeu de reconstruction administrative dans une perspective essentiellement budgétaire. Cette politique ne s'est pas accompagnée de la mise en place d'un gagnant-gagnant vertueux avec les organisations syndicales. Pour le moins, on aurait besoin d'un secrétaire général de l'administration au niveau du Premier ministre qui coordonne l'action des secrétaires généraux des ministères et soit le vrai chef de la réforme de l'État dans ce pays. Il pourrait d'ailleurs dépendre du délégué général à la stratégie. Il convient à la fois d'éviter la dispersion du conseil stratégique et sa focalisation sur des questions de pure organisation. Il faut lui redonner une place centrale, car la prospective n'a aucun sens sans outils d'action. On ne peut demander aux cabinets ministériels englués dans des questions d'arbitrage de manière quotidienne, y compris pour les petites choses, de penser une stratégie à moyen terme pour la réforme de l'État. Il faut d'autres instruments.

Avoir une gestion de notre fonction publique à moyen terme est la base de cette réforme. Lorsque l'on voit comment les idiosyncrasies des différents corps finissent par l'emporter sur l'intérêt commun, combien le cloisonnement est la réalité, combien une certaine forme de nationalisme ministériel l'emporte sur le patriotisme de l'État, il y a urgence. L'esprit de corps est d'autant plus fort que l'on monte dans la hiérarchie. On a besoin d'un pilotage et d'une structure de référence permettant de décloisonner. Comment ? En renforçant la mobilité, en développant des expériences et en empêchant que chaque ministère, chaque structure soit propriétaire de ses agents et le dépositaire unique et le propriétaire exclusif de sa réforme. La tendance à la reministérialisation de la gestion des fonctionnaires de direction, avec un rôle accru des directions des ressources humaines de chaque ministère dans la sélection des « hauts potentiels », n'est pas de nature à combattre ces idiosyncrasies et un certain conformisme. Les modalités de nomination des fonctionnaires à la discrétion du gouvernement ne correspondent pas à l'impératif d'impartialité de l'État. Les hauts fonctionnaires devraient être nommés après l'avis d'une commission – des parlementaires pourraient y siéger – qui évaluerait les qualités des candidats et porterait une appréciation sur leur projet pour la structure qu'ils ambitionnent de diriger. C'est d'autant plus indispensable que ce projet n'existe souvent pas et qu'on nomme quelqu'un en fonction de son appartenance à un corps, de sa provenance d'un cabinet – ce qui devrait être prohibé – ou de sa couleur politique, quand ce n'est pas inspiré par un geste médiatique envers telle catégorie. Il faudrait aussi revoir le mode de nomination des membres des autorités indépendantes.

Le travail gouvernemental a aussi besoin de remontées d'en bas de la part des échelons premiers de l'administration. Contrairement à une idée véhiculée par certains hauts fonctionnaires, il ne saurait y avoir de coupure entre la conception et la stratégie, d'un côté, la mise en œuvre, de l'autre. Une stratégie sans connaissance de la réalité de l'application des décisions ne peut aboutir ; une pratique administrative dénuée de toute interrogation sur son lien avec une stratégie conforte la routine.

Enfin, il est indispensable de créer un Secrétariat général aux politiques publiques (SGPP) auprès de la tête de l'exécutif, chargé de coordonner les actions des ministères, de contrôler le travail au jour le jour des administrations et de veiller à l'application des décisions. Il est aussi déterminant de renforcer les instances de niveau interministériel. Bien souvent, les politiques sont, de fait, à cheval sur plusieurs ministères. En amont encore, les arbitrages, notamment budgétaires, doivent autoriser un redéploiement entre les administrations. La mise en place d'institutions plus fortes auprès du président ou du Premier ministre, selon le schéma retenu, pourrait seule y contribuer.

Sur le plan institutionnel, il paraît opportun de limiter la séparation étanche entre l'exécutif et le législatif en ce qui concerne l'élaboration des lois. On ne voit guère en vertu de quel principe le Parlement ne pourrait pas jouer un rôle de conseil et d'aide au travail gouvernemental et parfois de proposition. Cela suppose de l'armer en ce sens. Ses membres pourraient être moins nombreux : 300 députés et 190 sénateurs paraissent des chiffres raisonnables. Chaque parlementaire aurait la possibilité de recruter des collaborateurs personnels de haut niveau, alors qu'aujourd'hui il ne peut disposer que d'assistants dont le rôle se limite souvent au traitement du courrier parlementaire. Le Parlement devrait disposer d'un organe d'évaluation qui lui serait rattaché, sur le modèle du *Government Accountability Office* américain, bénéficiant d'une large indépendance dans le choix des évaluations et d'une autonomie totale dans leur conduite. Son délégué général disposerait d'une capacité d'initiative à l'instar d'un directeur général d'entreprise et il rendrait compte à un conseil, composé lui de parlementaires, qui jouerait le rôle d'un conseil de surveillance. Le Parlement remplirait également un rôle de contrôle de l'application des lois, ce qui suppose d'opérer un suivi régulier des décrets et de leur application. L'Office parlementaire d'évaluation de la législation, institué par la loi du 14 juin 1996, avait certes cet objectif, mais ses promesses n'ont pas été réalisées sans que le gouvernement puisse être d'abord mis en cause. Enfin, comme c'est le cas notamment au Royaume-Uni et au Danemark, le Parlement jouerait un rôle accru en matière européenne. Il pourrait définir un mandat préalable pour la négociation des directives importantes. Un parlementaire participerait aux discussions dans les groupes d'experts. Enfin, un *reporting* régulier serait fait au Parlement, engageant une discussion large. Un tel système pourrait être prévu de manière générale dans le domaine international.

Aucune de ces réformes n'est en soi révolutionnaire ni compliquée. Mises ensemble, elles changeraient notre administration. Elles renforceraient la capacité du gouvernement à penser, à décider et à agir rapidement, désenliseraient les dossiers stérilisés par des conflits de chapelle, restaureraient la confiance de tous et permettraient au pays de se doter d'un projet – c'est déjà beaucoup.

V

À LA RECHERCHE
DE L'INTÉRÊT NATIONAL

Un mythe puissant domine la France : l'intérêt général. Il veut que tout ce qui lui obéit soit *a priori* légitime et que tout ce qui est soumis à l'intérêt particulier soit frappé de suspicion. Il existait de bonnes raisons à son édification : comment ne pas souscrire à l'idée que les politiques et les serviteurs de l'État doivent obéir à une vision d'ensemble et ne pas favoriser tel groupe particulier dans l'activité législative et l'action publique en général ? Il n'eût pas été possible historiquement de combattre les privilèges de l'Ancien Régime et les intérêts catégoriels cherchant à grappiller tel ou tel avantage sans cette conception. Que ce mythe ait permis d'aller jusqu'au bout de l'action est une tout autre histoire ! Qu'il ait procuré quelques avantages concrets à ceux qui étaient censés le servir est aussi une évidence. Nous ne nous y arrêterons pas pour l'instant.

Le plus étonnant dans cette assomption est qu'elle s'est réalisée au détriment d'une autre notion, utilisée fréquemment ailleurs – notamment aux États-Unis –, celle d'intérêt national. Plus inclusive et globale, elle est liée à un projet concret plutôt qu'à un idéal prédéfini. Trois éléments contribuent à expliquer ce rejet. Le premier est le privilège accordé à l'État non seulement dans la garantie apportée à la poursuite de l'intérêt général, ce qui se conçoit, mais aussi dans sa mise en œuvre. Or, l'État – l'administration et le gouvernement – ne peut porter sans soutien l'intérêt national ; seuls en sont capables l'ensemble des composantes de la société : entreprises, société dite civile et milieu académique. Le deuxième est un absolutisme de la pensée, qui conduit à écarter officiellement le compromis entre les groupes, où l'on perçoit un vice congénital de l'action publique. Le troisième un statisme de la réflexion qui fait de l'intérêt général quelque chose d'actuel, de toujours présent, une essence dont la nature, d'abord juridique, dépasse, par son caractère absolu, les discordes politiques, alors que l'intérêt national est à la fois discutable, centré sur le futur et porteur d'un choix politique qui, par définition, écarte dans la discussion d'autres choix possibles. L'intérêt général récuse la contestation, alors que l'intérêt national est relatif et discutable. Le premier bénéficie, dans son principe, d'une légitimité irréfragable, alors que le second ne peut être légitime qu'à mesure de l'acceptation et de l'accord qui lui sont accordés. Tout se passe ainsi comme si la France, nation politique, cherchait un au-delà du politique, comme si, aussi, cette nation divisée par l'histoire et les valeurs cherchait à oublier ce déchirement par le mythe de l'unanimisme.

Cette recherche de l'unité factice, qui s'accompagne d'une difficulté d'énoncer les conflits réels, comme s'ils pouvaient se résoudre dans la vérité, le bien et l'intérêt mutuel, empêche de formuler l'intérêt national. Elle conduit à une appréhension douloureuse de l'Europe et du monde et renforce le sentiment de déclin.

POURQUOI IL N'Y A PAS DE CONSCIENCE DE L'INTÉRÊT NATIONAL

Cette absence de formalisation de l'intérêt national provient d'une difficulté à mettre ensemble dans le débat public les éléments constitutifs de notre société, de notre économie et de nos institutions. Dans ce qui ne va pas bien en France, il existe à la fois des choses évidentes et visibles, qui font la une des magazines et forment le substrat des discours de salon, et des éléments sous-jacents et cachés. Ces lieux communs, parfois exacts mais trop rapides, concernent notre propension à la grève, notre trop faible engagement dans le travail, nos charges trop élevées, notre lenteur à nous réformer, nos corporatismes ou encore notre piètre sens de l'hospitalité. La perception du fait que la réalité n'est pas aussi unidimensionnelle traduit une conscience de ce qui est caché, mais qu'on ne parvient pas à nommer sinon en termes généraux : des injustices élevées, une difficulté à avoir confiance en nous, une propension à la réaction, un manque de conscience de l'existence de valeurs politiques fondamentales, un pessimisme indépassable, assez bien documenté, ou encore une division réelle entre les Français qui va au-delà de l'image du village gaulois. Rien dans ce qui constitue ces freins à notre projection dans le futur ne peut être résolu avec l'aide de la notion classique d'intérêt général.

Ces éléments sous-jacents forment le substrat d'une fermeture possible de notre pays, d'une tentation pour l'extrémisme, d'un éloignement de la scène européenne et mondiale et de graves problèmes économiques. Au-delà des questions qu'il appartient à tout gouvernement de résoudre, de notre projection dans le monde à notre politique industrielle au sens large qui conditionne l'emploi, de la réforme de nos administrations à celle de notre protection sociale, de la justice à la sécurité, de l'enseignement à l'environnement, il faut analyser les conditions politiques qui entravent leur résolution. Nous avons vu l'importance des modes de décision et des processus politiques qui les sous-tendent. Il faut aussi mentionner des raisons sociologiques et politiques encore plus profondes.

Les éléments qui conduisent au développement d'une nation sont multiples : l'acceptation et la maîtrise de son internationalisation, la perméabilité entre les milieux intellectuels et politiques, la priorité donnée à la création de richesses, un goût ancré pour la liberté et la faculté d'en user, l'amour du pays non en tant qu'image mais en tant que lieu où il vaut de construire un projet, l'absence de crainte et, surtout, la *faculté de créer du nouveau*. La source majeure de l'inquiétude qu'on peut éprouver pour la France et d'autres pays européens est qu'ils aient perdu cette faculté.

Cette situation est différente des anciens pays sous le joug soviétique – avec des réalités hétérogènes suivant les situations, les traditions intellectuelles et le mode de formation des élites. Les uns ont eu, parce qu'y est apparue une forte dissidence, elle-même signe d'une lumière maintenue en dépit de l'oppression des « sombres temps », cette possibilité et même une envie de créer une nouvelle ère. D'autres, parce que les intellectuels y étaient trop faibles, l'emprise d'une orthodoxie rétrograde y émoussant tout sens critique, le poids de la Russie trop intense, l'histoire excessivement tragique et insurmontable, se sont à jamais privés de l'espoir. C'est en mode mineur ce que notre pays a connu : une intelligence de plus en plus marginalisée dans la politique, une histoire toujours non apprivoisée, même si elle est moins sanglante, le poids de multiples chapelles, une possibilité malgré tout de créer du nouveau et d'innover, mais toujours en marge du système ou en affrontement avec celui-ci. La France a une longue tradition, mais une scène politique qui fonctionne par exclusion du nouveau et qui reproduit dans l'ordre intellectuel les clivages anciens fondés sur des intérêts. Son drame est d'avoir ces corps intermédiaires, à la fois faibles et parasités : faibles dans leur incapacité de pensée et de rassemblement, envahissants par la promotion d'intérêts particuliers qu'ils ne cessent de pratiquer, forts dans l'art d'écarter tout ce qui pourrait conduire à les briser, habiles quant à l'aptitude à s'allier le système central.

Mais cette difficulté à définir notre intérêt national ne saurait seulement être analysée comme la conséquence du jeu de ces intérêts. Elle provient d'une source d'abord politique : l'incertitude du dessein qui est le nôtre. Certes, ces intérêts l'expliquent pour une petite partie, autant que, notamment, la difficulté à affronter les pages noires de notre histoire, les coups portés à notre statut de grande puissance et la persistance d'une crise économique accompagnée d'un taux de chômage élevé. Il faut toutefois accorder une part dans cette difficulté à un problème intellectuel qui entrave la conversion des habitudes de pensée. On peut aussi l'analyser comme un problème de *leadership*.

Personne ne peut faire table rase des intérêts. Ils obligeront toujours une multitude d'acteurs à agir en fonction de l'intérêt spécifique de l'institution à laquelle ils appartiennent dès lors qu'ils estimeront que leur sort personnel est lié à celui de cette institution. Il existe des systèmes politiques qui sont plus ou moins perméables à la prise en compte par la sphère politique de ces intérêts particuliers et, parmi les personnes, des tempéraments qui tendent au conformisme ou à la résistance, mais nulle faille ne peut être corrigée par des vœux pieux et des admonestations morales. La question politique est de savoir comment il devient possible d'introduire dans chaque institution, publique et privée, vouée à l'action ou à la connaissance, plutôt destinée au service de soi ou à celui des autres, des règles concrètes qui ne font pas de la défense des intérêts particuliers une tendance irréfragable. Elle est aussi de faire en sorte que, dans le jeu que les institutions entretiennent entre elles, cette prédominance des intérêts ne soit plus son centre.

La perturbation européenne

L'inclusion dans l'Europe est devenue, sans que les citoyens en aient toujours conscience, une seconde nature pour la France. Outre le fait que l'essentiel de nos textes juridiques est dérivé de la construction juridique européenne, l'Europe porte ce qui constitue le substrat de notre vie quotidienne, depuis le marché intérieur jusqu'aux normes qui l'accompagnent, depuis la politique commerciale jusqu'à la politique agricole commune, sans évoquer les disciplines budgétaires. Elle est devenue un acteur majeur en termes de recherche incitative et un acteur mondial par sa politique d'aide au développement et sa politique de mise à niveau des pays de son voisinage, à l'Est et au Sud, qu'ils aient ou non vocation à rejoindre le club européen. Or, alors qu'elle offre un horizon unique, elle pâtit d'une absence de stratégie compréhensible pour les citoyens. Comment entendre cette critique ? D'un côté est dénoncé un défaut de stratégie partagée autre que verbale et débouchant sur des actions communes ; de l'autre, elle vise un vide de stratégie des parties pour l'Europe et, au sein de chaque pays, mais de la France plus que dans tous les autres, pour soi comme nation.

Or, pour définir ce que nous voulons faire et ce que doit être l'Europe dans un monde tout sauf consensuel, il faut avoir énoncé des « préférences » et donné nos principes et nos valeurs. C'est un problème pour une Europe diverse et pour chaque État singulier. C'est moins difficile pour l'Allemagne, le Royaume-Uni, l'Espagne, les pays nordiques et certains pays de l'Est que pour la France. Cette difficulté est spécifique pour l'Europe aussi en raison de ses valeurs : la tolérance, la reconnaissance de la diversité, le socle de « libertés négatives », le souci du règlement pacifique des différends et une forme d'agnosticisme. C'est cela qui, malgré tout, reste commun, car si certaines nations restent plus enclines que la France à imaginer une stratégie, c'est moins en raison de valeurs européennes que d'un reste de valeurs nationales.

Au sein de l'Europe, parce qu'elle a des ambitions spécifiques, mais qu'elle peine à affirmer, la France paraît parfois mue par un certain infantilisme de l'opposition. Si l'opposition aux États-Unis est moins évidente depuis l'arrivée au pouvoir de Barack Obama, une défiance de principe reste plus forte en France que dans la plupart des autres pays européens. Pourtant, les États-Unis restent la plus grande nation européenne, quand bien même elle le serait moins par ses apports. Notre problème est d'être enfermé dans une position absurde, en partie par notre faute : opposition ou soumission. Dans les deux cas, ce comportement conduit à la faiblesse. La chance de réussite de l'antagonisme est à peu près nulle. Faute d'explicitation de ses valeurs, la France éprouve toujours des difficultés à comprendre que l'Europe partagera à jamais plus de valeurs avec les États-Unis et réciproquement que n'importe quel autre pays du monde. C'est aussi par le biais de la reconnaissance de valeurs communes qu'il est possible d'examiner sereinement et sans naïveté les différends réels.

Le débat français sur l'Europe est enfermé dans une impasse. Son premier aspect est la présence en France d'une vulgate rarement interrogée sur la multipolarité, dont n'est pas absente l'idée sous-jacente que la France pourrait constituer l'un de ces pôles. Tout en mettant en avant un pôle européen, qui devient de moins en moins crédible du fait des divergences accrues au sein de l'Europe, nul ne voit en quoi il pourrait être congruent avec les intérêts français, au-delà des gains considérables du grand marché intérieur. Il existe un problème d'influence à terme propre de ce pôle, compte tenu des intérêts européens de plus en plus antagonistes, et une contradiction difficile à lever. D'un côté, un pôle européen aurait d'autant moins de visibilité que les valeurs qu'il poursuit seront négatives. De l'autre, la France, comme toute grande nation moyenne européenne, poursuit une politique peu ou prou de puissance entrant virtuellement en contradiction avec l'Europe qui n'a pas de telle stratégie en propre.

Ensuite, l'ambiguïté d'une Europe protectrice qui apparaît dans toutes les études d'opinion est forte. Une partie des citoyens poursuit l'illusion d'une Europe s'affirmant comme rempart contre le reste du monde. Un discours qui consisterait à affirmer, en contre-pied d'un slogan ancien : « Faisons l'Europe pour défaire (un peu) la France », ne rencontrerait que des protestations indignées. C'est pourtant ce détricotage de certaines faiblesses françaises qui, historiquement, constitue son plus précieux apport, et qui n'a rien à voir avec la fin des instruments de solidarité. C'est à partir de cette reconnaissance aussi qu'il sera possible de critiquer, parce qu'elles affaiblissent la puissance commune, certaines réglementations ou pratiques qui peuvent affaiblir notre industrie.

Le dernier élément est lié à la question de la fierté : la fierté d'être français devient de plus en plus difficile à concrétiser et la fierté d'être européen ne fait pas partie des perceptions évidentes. De quoi sommes-nous fiers ? La fierté est différente de la gloriole, car elle désigne autant une fierté individuelle que le sentiment d'avoir sa place dans une aventure collective. L'Américain, même le moins informé sur le monde, se sent partie prenante du destin américain, même s'il ne sait pas exactement ce que c'est. Une distinction fondamentale doit dès lors être introduite dans le rapport entre le singulier et le collectif. Or, il est difficile de le penser dans l'accord autant que dans la distance. Chacun peut contester ou déplorer le destin individuel qu'il subit et, sur un autre plan, contester les politiques suivies. Il n'est pas de démocratie sans, à certains moments, ce primat de la considération individuelle et du désaccord. Mais le citoyen le plus en marge ou le plus contestataire doit, à d'autres moments, se sentir partie prenante d'un dessein qui le dépasse. Il peut ainsi déplorer son sort et critiquer son gouvernement, mais comprendre en quoi et comment il lui est possible d'être en même temps fier de ce que son pays accomplit dans le monde. C'est cette relation complexe qui s'est brisée en France et que traduit aussi sa difficulté à apprivoiser l'Europe, perçue plus comme contrainte que comme source d'enrichissement parce que nous n'y portons pas des espérances que, sur la scène intérieure, nous n'avons plus. Avoir une politique d'intérêt national est inséparable désormais d'une stratégie d'intérêt européen.

L'OUBLI DU MONDE

Autant la perturbation européenne soulève un problème direct dans la définition de l'intérêt national, car l'intérêt européen et l'intérêt de la nation sont intrinsèquement liés, fussent-ils parfois contradictoires, autant l'inclusion de la France dans un réseau mondial de nature économique, scientifique, intellectuelle et sécuritaire soulève un problème de définition stratégique de nos intérêts qu'il est impossible d'aborder, même en s'y opposant, à la lumière des schémas classiques.

La tendance la plus fréquente peut se définir comme un oubli du monde selon deux sens différents. Le premier est l'occultation de celui-ci comme élément de définition partielle de notre avenir. On ne discute pas du monde, car la politique se détermine à l'intérieur de nos frontières. Le second consiste à oublier le monde car il est à ce point omniprésent qu'il ne constitue pas un élément dont il faut débattre et qu'il convient de penser. En ce sens, c'est l'extérieur qui dicte nos priorités et nous n'avons qu'à écouter ce qu'il dit et le transposer dans la réalité. Le premier oubli conduit, comme on disait jadis, au « socialisme dans un seul pays » ; le second à l'injonction, présentée comme non discutable, qu'il faut copier le modèle social le moins protecteur, dans le cadre d'une « désinflation sociale compétitive » sans mesure, ni frein, ni limites.

Or, ce nécessaire apprivoisement du monde passe par une analyse de ce qu'il peut et doit nous apporter, ce qui veut dire agir en conséquence. Le monde est une source de richesses, même s'il n'est pas que cela. Le monde est un marché en développement accéléré et la source de profits pour nos entreprises et donc d'emplois. Cela signifie que nous devons être présents sur les marchés des pays en forte croissance et améliorer nos structures productives et commerciales en conséquence. Nous n'avons pas le choix, sauf si nous renonçons à la croissance de notre économie, avec les conséquences dramatiques que cela emporterait. Ensuite, le monde est la source de savoirs. Sauf à imaginer un racornissement de la pensée, il nous faut capter ce savoir du monde dans ce qu'il a de meilleur, mais aussi nous stimuler pour y apporter, si nécessaire, la contradiction. Nos dirigeants politiques et administratifs, nos intellectuels, nos chercheurs et nos cadres du secteur privé doivent aller à la rencontre de ce monde et y être présents, y participer activement et ne pas se couper des lieux d'élaboration des idées. En troisième lieu, nous vivons dans un contexte de guerre « froide » sur les normes, les standards, les règles juridiques, les doctrines et les « bonnes pratiques » qui vont structurer le monde de demain, son développement, ses régulations et son organisation. Nous devons nous mettre en mesure d'y contribuer en faisant valoir nos intérêts et nos idéaux.

Le monde est le premier lieu où nous pouvons et devons faire valoir nos intérêts nationaux, qui sont ceux d'une puissance pacifique, mais d'une puissance quand même. Cette situation a des conséquences sur notre politique extérieure, qui doit d'abord formuler ces intérêts et leur donner corps dans une stratégie accompagnée de moyens d'action. L'abandon d'une telle ambition est concrètement une catastrophe pour notre économie et une incitation pour notre esprit public à se racornir. Une telle stratégie ne pourra que reposer sur l'engagement de tous – pouvoirs publics, collectivités territoriales, entreprises, organisations non gouvernementales, universités et centres de recherche.

Les intellectuels et l'intérêt national

Les rapports entre les intellectuels et le pouvoir politique sont alternativement marqués par le conflit, la docilité et l'indifférence. La propension à la confrontation constitue la réalité la plus fréquente : c'est l'une des vocations des intellectuels que de débusquer les mensonges du pouvoir ou la transgression des valeurs considérées comme sacrées. L'éthique des intellectuels veut qu'ils combattent l'oppression puisque celle-ci est contraire à leur principe constitutif : penser librement. Dans les démocraties, ils rappellent périodiquement les gouvernants au respect des principes.

Cependant, les intellectuels ne rechignent pas toujours à la servilité : on les voit ainsi parfois légitimer l'action des pouvoirs, leur fournir une idéologie qui servira de béquille à leur action et quelquefois abandonner toute distance critique dans l'espoir d'une place. Le jeu de l'opinion démocratique et le combat politique admettent rarement autre chose que le noir ou le blanc, le pour ou le contre. Dans bien des occurrences, la réalité la plus tangible de ces rapports était l'indifférence : celle des gouvernants à l'égard des analyses des intellectuels, celle de ces derniers envers les contraintes pratiques de l'action concrète. Ils analysent et critiquent le réel, mais sans espoir de le changer, tandis que les politiques ne prêtent guère attention à leurs prophéties ou à leurs cris d'alarme. Les intellectuels sont ainsi loin de contribuer à la formalisation de l'intérêt national.

Des facteurs institutionnels et culturels, forgés par l'histoire, expliquent le rapport des intellectuels à l'action publique. Le modèle américain a été marqué par la culture de contestation, comme partout. Pour autant, s'est dégagée une culture de la participation au pouvoir, au gré des alternances, et d'engagement dans l'action. Le monde académique a inspiré les administrations démocrates autant que républicaines. Cela est dû à la richesse des universités et des fondations autant qu'au souci du pays. Des fonds privés sont investis dans l'enseignement supérieur et la recherche, et pas toujours, loin s'en faut, de manière intéressée, ce qui constitue un signe de reconnaissance sociale. La société et les institutions américaines ne produisent pas, comme ailleurs, une coupure sociale et professionnelle entre les différentes sphères d'activité. Ce modèle inspire de plus en plus les grands pays développés et émergents. Le professeur américain n'est pas membre de l'élite financière, mais il est reconnu et respecté. Les intellectuels des pays post-totalitaires savent ce que le courage veut dire, eux qui se sont engagés, avec les risques qu'on sait, contre l'oppression communiste. Ils en ont retiré une exigence de liberté, de dignité et de civilisation qui paraissent, dans les sociétés postcommunistes, trop fortes pour les temps présents. Ils apparaissent parfois comme des consciences malheureuses devant les dérives de la démocratie. Ils encourent le risque de la marginalisation face à l'émergence de nouvelles classes d'entrepreneurs, plus matérialistes, et une classe politique traditionnelle reconvertie qui ne partagent pas les valeurs et l'éthique des intellectuels dont la conscience historique plonge loin dans la culture européenne.

Dans le modèle français, la classe dirigeante de la politique et de l'administration est séparée du milieu académique : ils sont formés par des écoles différentes, leurs carrières ne se rencontrent jamais et, sur le plan sociologique, leurs mondes sont étrangers. Un haut fonctionnaire ou un homme politique ne sont quasiment jamais des universitaires et ceux-ci ne connaissent pratiquement pas le domaine de l'action publique. Ils ne font guère de recommandations concrètes et, lorsqu'ils interviennent dans le débat public, c'est sur la base d'idées générales, notamment pour contester au nom de grands principes les orientations politiques. Ainsi, à l'anti-intellectualisme d'une large fraction de l'administration et du milieu politique français répond le désintérêt du milieu académique pour la gestion politique et les questions opérationnelles. Inversement, les hommes politiques et la haute administration se méfient des travaux de recherche qu'ils n'utilisent pas dans l'action. Le monde intellectuel est lui-même divisé entre, d'un côté, des chercheurs qui effectuent leurs recherches dans leur discipline et, de l'autre, quelques personnalités en nombre limité invitées par les médias et les politiques, non pour approfondir un sujet, mais pour glaner quelques impressions, sinon quelques slogans, dans des repas mondains. L'absence de grandes fondations politiques constitue, de ce point de vue, un manque criant. Du bas vers le haut de l'échelle sociale, le chercheur et l'universitaire sont peu considérés. Lorsque les parents envisagent un avenir souhaitable pour leurs enfants, ce n'est guère dans la recherche et à l'université qu'ils le rêvent.

Un juste rôle des intellectuels doit emprunter trois voies : une distance critique, mais informée, une attitude ouverte et intelligente des politiques, une faculté du milieu académique de travailler, lorsque leur discipline s'y prête, sur les problèmes de la cité, sans perdre pour autant une faculté d'alerte. Les intellectuels doivent se sentir responsables des conséquences concrètes de leurs idées. Ils ne peuvent influencer le politique en se lavant les mains de ce qu'il en fera. Ils doivent apprendre à mettre les mains dans le cambouis : la faculté de détail est aussi importante que la prophétie générale. Il leur faut ensuite, tout en ayant leurs légitimes préférences politiques, ne pas se laisser emporter par elles, d'abord regarder les faits et, selon l'expression de Michael Walzer, faire entendre les plaintes de la société – ce qui ne signifie pas que le peuple a nécessairement raison. Enfin, les politiques doivent se convertir à l'idée que le travail intellectuel peut être utile à l'action, et pas seulement à l'orientation globale d'une politique ou à la justification idéologique de celle-ci. Il y a d'autres voies pour la pensée que la soumission et la contestation, mais cette troisième

voie demande le plus de travail et de désintéressement. Elle suppose que les intellectuels soient réintégrés
dans la communauté nationale.

LA FIN DU DÉCLIN : LE DESTIN LIÉ DE LA FRANCE ET DE L'EUROPE

Le débat français sur le déclin est le principal signe avéré d'une forme de malheur français. L'idée de déclin a comme envahi les esprits, qui en ont une perception diffuse par un pessimisme français supé-rieur à ce qu'il est dans les autres pays occidentaux. Devant cette situation, certains auteurs insistent au contraire sur les réussites françaises, certes nom-breuses, et sur les atouts de notre pays, sur lesquels je suis le premier à insister. Pour autant, le débat pié-tine et les propos « déclinistes » restent les plus influents, tout discours contraire étant, à tort ou à rai-son, suspecté d'enjoliver la réalité.

Dans un contexte marqué par des discordes et des incompréhensions entre les États-Unis et une bonne partie de l'Europe des interrogations plus marquées et sceptiques sur l'avenir de la construction européenne et une fascination pour le développement asiatique, l'impression de déclin retrouve une force ancienne, même si les autres nations vivent moins difficilement ces interrogations que la France, habituée à une place particulière dans le jeu mondial.

Il n'existe pas de lien univoque entre les débats sur le déclin européen et le déclin français. Parler de déclin européen est un moyen de ne pas évoquer le déclin français : nous serions dans le lot commun. Notre destin obéirait à une détermination historique irréfragable. À quoi cela servirait-il de lutter ? Apparaît souvent l'idée d'un *Sonderweg* français, soit négatif (nous déclinons plus que les autres), soit positif (nous devons nous en sortir tout seuls, par des voies spécifiques, liées notamment à l'actualisation de notre grandeur passée, et qui ne passent pas alors par le truchement de l'Europe). Il est plus rare d'imaginer une communauté de destin positive entre la France et l'Europe et un mouvement ensemble pour contrer une tendance au déclin. La raison est liée au fonctionnement peu « politique » des scènes politiques nationale et européenne.

Cela dit, la notion de déclin a un contenu problématique. Dans leur appréhension du déclin, les citoyens mélangent des éléments à la fois objectifs et liés à des représentations plus durables de leurs craintes et de leurs angoisses. Ils perçoivent souvent leur déclin matériel relatif comparé aux nouveaux pays riches qui émergent, même s'ils ne parviennent pas nécessairement à mettre des statistiques (PIB par habitant ou progression du pouvoir d'achat à niveau social identique) derrière cette réalité. Ils ont aussi une appréhension claire du déclin démographique, alors même que la France s'en sort relativement bien en Europe. S'ils oublient la réalité de longue durée qu'est l'amélioration remarquable du niveau de vie, des modes de consommation, de l'hygiène et de l'espérance de vie, ils préfèrent insister sur les signes visibles du déclin que sont la disparition de pans entiers de notre industrie, l'ampleur du chômage, les mauvais chiffres du commerce extérieur ou « l'envahissement » des produits de consommation des pays à bas coût de main-d'œuvre.

Ils perçoivent aussi un certain déclin intellectuel et culturel, sans se former une idée précise de ce qu'il ne serait pas. Ils comprennent que le « rayonnement » de la France, expression sujette à caution, est moindre qu'auparavant, que notre langue n'est plus une référence, que l'entrée des peuples dans l'histoire et la massification de la culture, phénomènes qui ne sont pas récents, sont moins propices à l'influence française. Cette dilution, évidente à l'échelle mondiale, leur paraît aussi marquée à celle d'une Europe élargie. Plus confusément, parce que la

France est une nation politique, ses citoyens ressentent une forme de déclin politique, difficile à décrire, liée à la fois au défaut de *leadership* politique et à la difficulté d'énoncer une doctrine propre et reconnaissable. Ces deux facteurs sont entretenus par une double nostalgie : celle des « grands hommes » et celle d'une voix singulière.

Enfin, cette impression de déclin est liée à une certaine banalisation de la France. L'hétérogénéité de l'Europe crée le sentiment d'une divergence croissante sans que cette même Europe, en proie à des dysfonctionnements, puisse offrir un substitut crédible à l'État-nation. Au sein de l'Europe, des zones d'attirance divergentes et une concurrence accrue de ses nations, notamment sur les marchés extérieurs, non seulement renforcent le sentiment anti-européen, mais accroissent le besoin d'une stratégie propre de la France, alors qu'elle semble en avoir perdu les moyens. Alors que l'Europe reste le moteur de la prospérité des différentes parties qui la composent, l'Europe et la France paraissent n'être guidées par aucun projet commun. Sur le plan des fondations, quoiqu'elles soient liées par des principes communs, le sentiment d'une communauté de valeurs semble s'effriter comme si l'Europe avait perdu les siennes et que la France devait se retrouver isolée dans leur défense au moment où elle ne parvient plus à les exprimer. Traditionnellement, ces valeurs avaient été exprimées dans un cadre national. Elles pouvaient aussi impliquer des contraintes, des sacrifices, qui n'étaient acceptés que parce qu'il y avait, certes plus ou moins, une idée de *communauté de destin*. Les désaccords politiques pouvaient être forts, mais l'idée que le destin était commun était puissante. L'Europe avait porté ces valeurs à un niveau supérieur en se définissant contre les idéologies nazie, fasciste et communiste. L'étape suivante n'a pas encore été écrite, alors que d'autres zones du monde paraissent plus promptes à recourir à des valeurs chaudes. Cette communauté était aussi fondée sur le *patriotisme*. Il exprimait un sentiment de dépendance assumé : on dépend de sa patrie pour vivre et réaliser sa liberté, mais aussi pour exister en tant que personne et se constituer comme sujet. Les valeurs qui le sous-tendaient étaient produites par une culture et une histoire ; elles étaient liées à une communauté et identifiées, même lorsqu'il s'agissait de valeurs d'opposition sur le plan politique. Quand le passé et l'histoire ne répondent plus, les valeurs doivent être voulues, créées et définies par un acte volontaire. Cela a pu se produire par l'Europe. Dès lors que celle-ci paraît insuffisante, l'exigence de *leadership* interne à la France s'en trouve mécaniquement renforcée, alors qu'elle est plus difficile.

SERVIR SON PAYS ?

L'idée du service à son pays semble désuète, idéaliste ou abstraite. Elle paraît cantonnée aux services militaires et, plus généralement, au service de l'État. Elle renvoie aux idées d'abnégation et de sacrifice et semble s'opposer à l'individualisme qu'on prête souvent à tort aux membres des sociétés contemporaines. On a aussi parfois l'impression que ce sens du service de la nation est d'abord réservé à une partie des élites et des classes moyennes des « nouveaux » pays qui sortent de régimes autoritaires ou dictatoriaux et qui s'engagent dans leur reconstruction, parfois en revenant d'un confortable exil.

De ce que j'ai pu constater, en mobilisant tant des personnes du secteur privé, des chercheurs et des fonctionnaires sur une cause d'intérêt national, cette vision d'un manque d'intérêt et d'engagement pour le service du pays ne tient pas. Elle n'est pas partagée par tous et chacun pourra observer la masse d'énergie que beaucoup consacrent bénévolement à des causes qui ne servent pas directement leurs intérêts personnels. Mais souvent ces actions altruistes ne sont pas reliées, dans l'esprit de ceux qui les commettent, au service de la collectivité, alors qu'elles le sont de fait. Elles sont parfois même perçues comme étant destinées à combler un manque, celui de l'action publique. Souvent, ceux qui agissent dans un cadre professionnel ambitionnent que leur métier soit, de surcroît, au service de l'ensemble, mais il leur manque une direction et quelques guides concrets. Ce manque de direction concerne directement le service de l'État.

Peut-on encore servir l'État ? La réponse a perdu sa belle évidence. On peut déplorer la fuite accélérée des hauts fonctionnaires pour le secteur privé et la politisation de certaines nominations, constater le spleen de quelques hauts fonctionnaires et parfois leur écœurement, en appeler à l'éthique ou au désintéressement, revendiquer tour à tour la transposition du modèle de l'entreprise au service public et les valeurs républicaines. Tout ceci est de peu de poids.

Pour la génération en voie de disparition qui était celle de mes parents, nourrie par les combats contre l'occupant et son idéologie, le service de l'État possédait une clarté : il fallait reconstruire puis construire, aménager et bâtir, littéralement instituer. Était-ce un âge d'or ? Oui, par le pouvoir de transformation des choses, mais aussi non si l'on en juge tant par les erreurs, en partie inévitables, que par la dissimulation d'une face moins glorieuse : la fonction publique connut aussi les lâchetés et parfois les compromissions de l'Occupation et, plus banalement, les défenses corporatistes et des petits ou moins petits avantages. Mais un certain esprit la caractérisait, fait du sentiment de participer à une œuvre commune. Le service de l'État était une tâche d'abord positive. Le terme de vocation plus que de simple profession, qui attire parfois aujourd'hui les quolibets, parlait. Peut-être n'a-t-elle pas complètement disparu, mais elle est habitée par le doute.

Pour comprendre cette transformation, il faut percevoir le passage, rendu plus visible par l'approfondissement des maux sociaux liés à la crise, de l'ancien État créateur et innovateur à un État chargé d'abord de résoudre les problèmes ou, souvent plus véridiquement, d'en compenser les effets. Les processus ont remplacé la vision des objectifs d'ensemble. On a vu cet État s'affronter à l'impuissance plus ou moins avérée de ses instruments et le fonctionnaire, comme le politique, incapable d'exhiber ses trophées. Non point qu'il n'y ait pas quelques belles réussites, mais elles sont comme l'arbre que la forêt cache. À cela s'ajoute une contradiction entre ce que de nombreux serviteurs de l'État vivent quotidiennement et le discours politique : l'évidence de nombreux échecs, d'un côté, la tendance à rassurer, sinon à dissimuler, de l'autre.

La crise contemporaine du service de l'État revêt trois éléments inextricablement liés. Le premier, le plus visible, pas nécessairement le plus profond, est lié aux carrières. La concomitance d'une gestion longtemps calamiteuse des recrutements, disproportionnés par rapport aux postes à pourvoir, une gestion ministérielle des talents et, partant, une concurrence accrue pour les postes qui a souvent donné une prime aux plus « conformes » ou aux proches du pouvoir, ont démoralisé ceux qui espéraient servir l'État avec indépendance et esprit de liberté. Nombreux sont les meilleurs et ceux dont la vocation était la mieux affirmée qui perdent tout repère dans un univers politisé où la compétence, le dévouement et le mérite ne sont plus toujours les premiers critères de choix.

La deuxième cause de la crise provient de la perte de demande « stratégique » adressée aux fonctionnaires les plus élevés. Certes, ils sont de plus en plus obligés de montrer une capacité de gestion et d'animation d'équipe. La réalité des tâches à accomplir l'exige. Pour autant, lorsqu'un fonctionnaire n'est plus conduit à s'interroger sur les finalités et leurs motivations, parce que nul ne lui demande plus, lorsqu'il ne peut plus exprimer auprès des autorités politiques ce qu'il pense et ce qu'il perçoit, il a le sentiment qu'il ne sert plus l'État aussi bien qu'il l'espérait. Combien de fonctionnaires compétents ne sont pas consultés par le pouvoir politique sur des choix auxquels ils pourraient apporter leurs connaissances et leur expérience ?

Le troisième élément de crise, qui se situe plus dans les perceptions que dans la réalité, est issu du sentiment que le monde privé dispose d'une capacité d'action et de marges de manœuvre plus grandes que celles du monde public. Il semble bénéficier d'une faculté de création que la sphère publique paraît avoir perdue. Si le facteur lié à la rémunération peut jouer un rôle dans certains cas, empêchant les retours, il n'est pas premier dans les désertions vers le privé, même s'il explique l'absence de retour. « L'esprit du temps », combiné à la vision d'un État en partie politisé et englué dans ses difficultés internes, a érodé le sens et la spécificité du service de l'État, comme de son pays. Or, autant un dirigeant et un salarié d'entreprise rendent un service indispensable à la collectivité nationale, autant les métiers ne sont pas interchangeables, sauf pour des fonctions de support technique. Les convictions, les valeurs, le rapport à la nation et au politique du serviteur de l'État sont spécifiques en termes d'investissement personnel, de conscience du licite et de l'illicite, d'attachement à des principes et d'orientation de l'action. Il n'est pas question de hiérarchie entre les différentes professions, mais de disposition d'esprit et d'engagement. Le fonctionnaire n'est pas supérieur aux autres catégories et rien n'est pire qu'un fonctionnaire qui témoigne d'un dédain pour les entreprises, les élus locaux, les organisations non gouvernementales ou les groupes d'intérêts, alors qu'il a à dégager, en écoutant et, souvent, en épousant le point de vue de l'autre, une ligne commune qui permet d'agir dans le sens du bien commun. Mais les critères qui guident son choix sont autres et l'impression qu'il ne dispose pas d'une latitude équivalente pour le faire entrer dans la réalité est une atteinte à son éthique. Quand un fonctionnaire affirme qu'il « s'amusera » plus dans le privé, le mot en dit long sur la conception du métier et sur ce qu'a perdu celui qui le prononce.

En France, cet affaiblissement du sens du service de l'État a des conséquences plus fortes que dans des pays où le conseil apporté aux politiques et la fabrication concrète de la décision ne proviennent pas ou guère de hauts fonctionnaires de carrière. Cette aide stratégique risque de devenir unidimensionnelle, orientée vers ce que le politique a envie d'entendre et la gestion du court terme voire parfois de l'urgence. Elle contribue à tronçonner la vision de l'action publique en des segments indépendants les uns des autres. Elle ne permet pas d'apporter au politique la contradiction dont il a besoin avant la prise de décision définitive. Elle conduit souvent au silence des fonctionnaires sur les remontées du « terrain » concernant les imperfections de la décision lorsque le politique s'est aventureusement glorifié de ses effets. Elle empêche ceux qui connaissent le mieux les rouages concrets de l'action et leurs résultats de susciter échanges d'idées, analyses contradictoires et corrections. Il ne saurait y avoir de stratégie sans un système qui garantit l'indépendance de ceux qui la proposent.

Rétablir les conditions d'un service de l'État performant, novateur et imaginatif, réengager les fonctionnaires au service du pays et non de leurs seuls ministres et de leurs corps, ne requiert pas de renforcer l'esprit corporatiste et la fermeture. Car nous souffrons d'une faible ouverture de la fonction publique de direction, non tant sur le plan social comme on l'écrit souvent avec démagogie, que sur le plan intellectuel. Autant l'exercice de la liberté d'esprit, qui est la première nécessité pour la fonction publique, requiert indépendance, protection et garanties, autant son acquisition suppose une formation qui la suscite. Le fonctionnaire dirigeant devra avoir été formé moins techniquement qu'intellectuellement. Certes, il devra avoir acquis des savoirs techniques, mais il pourra les acquérir au cours de sa pratique. Il lui faudra surtout avoir appris à penser, à conduire un raisonnement et à replacer son action dans l'histoire et dans le contexte du monde. La formation par un travail de recherche personnel, qui permet à ce fonctionnaire d'aller jusqu'au bout d'une question en toute indépendance, contribue à former des esprits non superficiels, capables d'envisager un sujet sous des angles multiples. Cette formation devrait être obligatoire à l'ENA, qui serait dotée d'une école doctorale, ce qui constituerait un facteur d'attraction à l'extérieur. La recherche est un esprit : elle nous conduit, devant un problème, à examiner toutes les hypothèses sans l'enfermer dans une seule de ses dimensions et à se garder des habitudes acquises comme des routines. Nous sommes incités à l'étudier comme s'il était nouveau et sans la restriction mentale que nous dicte parfois, dans l'administration, le souci d'une solution préimposée. L'esprit de recherche nous ouvre sur l'univers illimité de l'incertitude, du doute et, partant, de la création. Il nous permet d'inventer, de faire du nouveau sans d'abord reproduire ou imiter. Il développe l'esprit de liberté et parfois de résistance – la plus grande vertu du fonctionnaire de responsabilité.

Dans son parcours, il serait souhaitable que, comme c'est le cas aux États-Unis pour les entourages des dirigeants fédéraux, le fonctionnaire ait alterné des phases d'activités opérationnelles et des moments de réflexion. L'organisation de passages dans plusieurs ministères au cours d'une carrière lui permettrait d'embrasser plusieurs points de vue. Pourvu que les garanties de compétences et de neutralité soient respectées, une ouverture de la fonction publique dirigeante à des universitaires ayant une connaissance des mécanismes de décision et de la réalité de l'action ainsi que de professions libérales et de cadres du secteur privé en milieu de carrière qui s'engageraient sur le long terme à servir l'État enrichirait le processus d'élaboration stratégique et l'organisation de la décision sur le terrain.

Longtemps, on a parlé de l'armée comme de la « Grande Muette ». Il ne faudrait pas que la fonction publique soit celle de demain. Dans un pays où la fonction publique constitue un puissant réservoir de talents et d'idées, elle doit être mise à contribution, à sa place et avec toute sa place. Certes, le fonctionnaire est astreint au secret professionnel. Il est aussi obligé de respecter un devoir de réserve qui lui défend de critiquer publiquement les pouvoirs publics. En revanche, préalablement à la décision, rien ne lui interdit, en dehors de tout propos partisan, de lancer des idées, de tirer la sonnette d'alarme et de suggérer des initiatives. C'est ainsi qu'on tirera le mieux parti de son dévouement et de son intelligence et qu'il servira pleinement sa patrie.

CONCLUSION

VERS L'ACTION

Le problème de notre pays est dans son rapport à l'action. Vers lui convergent tous les maux que nous avons décrits, de nature « idéologique », sociologique ou à proprement parler politique, sans qu'il soit possible de discerner un facteur premier. L'idéologie empêche de trouver un cadre cohérent pour penser le long terme ; la sociologie interdit de formuler les bases d'un compromis viable ; le système politique conduit plus à des actions d'évitement que de prise en compte de la réalité des souffrances autant que des opportunités.

L'autre manque est celui de perspectives, comme si nous étions orphelins d'une insaisissable nouvelle frontière. Nous avons surtout des projets gestionnaires, mais non, alors que c'est le propre du politique, des projets de transformation. Sans doute pouvons-nous observer de tels projets à l'échelon local, notamment dans les domaines de l'urbanisme et des transports, parfois bien pensés et prometteurs, mais sur le plan national ils sont rares. Les discours politiques de transformation existent certes, mais ils sont dans le domaine de l'utopie, et suscitent d'autant plus la désespérance qu'ils sont perçus comme tels. Même les transformations qui remettraient un peu d'ordre dans le fonctionnement de la classe politique, l'organisation des institutions et la prévention des scandales financiers paraissent marquer le pas, provoquant scepticisme, voire dégoût, mais sans sentiment de prise sur les choses. Des « régulations » existent, parfois même progressent, mais elles sont toujours insuffisantes par rapport aux attentes justifiées.

Cette absence de transformation d'envergure est quelquefois théorisée. Pour l'expliquer, certains font appel à la complexité des processus, aux jeux de pouvoir inhérents à la démocratie représentative et, plus encore, à l'évolution des États modernes, du moins les plus anciens, vers une moindre propension à formaliser des projets globaux. Nos processus de réforme seraient condamnés à être progressifs, procédant par petites touches et par ajustements peu visibles, et il pourrait en résulter des changements plus considérables qu'il n'y paraît lorsqu'on prend en compte le temps court et non le temps long. Cette assertion serait d'ailleurs validée par l'irréalisme et souvent la vacuité des projets radicaux qui ne se préoccupent ni d'intendance, ni d'acceptation sociale, ni de dynamique des acteurs.

Cette situation crée un dilemme pour les hommes politiques à la fois porteurs de convictions et réalistes, y compris en termes de communication. Au-delà des déterminants de l'élection, souvent plus fondés sur le rejet que sur l'adhésion, ils sont pris en tenailles entre deux attitudes contraires. Soit ils tiennent un discours de vérité sur les changements possibles et dévident une série de mesures techniques, parfois importantes et pour lesquelles il ne sera pas toujours facile d'obtenir l'adhésion du Parlement, et ils rencontreront une opinion exprimant ses frustrations et son insatisfaction devant un projet qui lui paraîtra trop timoré et timide. Soit ils proposent un projet plus ambitieux, marqué par un certain radicalisme, voire une forme d'emphase, et ils ne seront pas crus. Ils seront en bute aux critiques de leurs adversaires politiques qui pointeront l'irréalisme de l'intention, souvent les contraintes de financement, toujours les risques de menacer les équilibres précaires d'une société qui ne peut supporter les transformations à la hussarde. De surcroît, un homme politique doit sans cesse incarner quelque chose, porter son regard sur un horizon qui le dépasse et parler du pays dans sa globalité et non pas de telle ou telle partie, et en même temps satisfaire les différents groupes et donner des perspectives plus limitées à chacun de ceux-ci. Quel discours politique est-il dès lors possible de tenir ?

NI MODÈLE NI RÊVE, LE PROJET

Il faut tenter de sortir de cette quadrature du cercle. À cette fin, il ne faut proposer ni modèle ni rêve, mais un projet dans lequel chacun pourra percevoir ce que, de la place qui est la sienne, il sera à même de faire pour le pays. Cela ne pourra certes pas être un projet parfaitement consensuel, comme s'il pouvait exister un unanimisme politique, mais un projet qui offre à chacun une perspective d'action.

Il faut d'abord faire justice à l'idée de modèle. Certes, il existe en France des principes d'organisation qui sont intangibles et qu'on ne peut trop bousculer, sauf à risquer de déstabiliser encore plus la société française et la perception de son avenir. Il en va ainsi des fondements de la protection sociale, du caractère progressif de l'impôt – largement écorné –, du système de fonction publique et du caractère unitaire de l'État. Il existe aussi des valeurs fondatrices qu'il convient plutôt de refonder, c'est-à-dire leur donner un sens plus clair, et non pas d'actualiser, ce qui revient le plus souvent à les remettre en cause au prétexte de leur adaptation. Il en va ainsi de la laïcité, de l'impartialité de l'État et du principe d'intégration. Sur un autre plan, notre appartenance à l'Union européenne, avec ses conséquences, doit devenir une règle directrice plus claire pour tous. Nul projet ne peut se dispenser d'être explicite sur ces principes et ces valeurs, mais aussi de les préciser par un langage sans ambiguïté. Les citoyens attendent des politiques qu'ils ne tergiversent pas, se montrent cohérents et ne cherchent pas à balancer leur argumentation dès qu'il s'agit des fondements possibles du consensus national. Ces principes et ces valeurs doivent apparaître comme positifs et comme emportant des conséquences concrètes dans la vie de tous les jours et non pas comme des invocations rituelles, qu'il serait possible de contourner dans la pratique. Ces principes et ces valeurs doivent aussi être perçus comme unificateurs et non pas comme dénonciateurs : pas plus que la laïcité n'est un principe dirigé contre l'islam ou le catholicisme, le caractère unitaire ne remet en cause l'autonomie des pouvoirs locaux et l'intégration la diversité. Le système politique repose sur un équilibre des droits et des devoirs et le système social sur un socle qui assure la sécurité de base sans laquelle il ne saurait y avoir de tranquillité personnelle pour participer à un projet collectif.

En revanche, le terme de « modèle » n'est pas heureux, en ce qu'il désigne le retour à un pacte originel qui rendrait intangibles l'ensemble des éléments qui concourt à celui-ci. Il signifierait une forme de satisfaction devant la situation existante qui ne peut être reçue tant les dysfonctionnements sont évidents. Nul ne peut prétendre que nos institutions, notre administration, notre protection sociale, notre système d'intégration, notre organisation entrepreneuriale et notre politique extérieure ne nécessitent pas de sérieux ajustements. Oui, nous avons des valeurs et des principes, mais nous ne sommes pas un modèle. Au demeurant, il serait dangereux pour le processus de réforme que de lier ceux-ci et l'application qu'on fait en leur nom. Qu'en revanche un projet politique présente l'exigence d'exemplarité comme l'une de ses composantes essentielles serait une action positive. Mais aucun modèle ne peut préexister à une analyse critique qui énoncerait ce qu'un modèle devrait être pour mériter ce nom.

Un projet politique ne peut pas non plus être de l'ordre du rêve, autrement dit d'une intention qui ne s'accompagne pas de moyens d'action. Il est arrivé qu'un tel rêve soit présenté aux électeurs et il a pu les séduire. Mais chaque fois, le réveil a laissé place à un sentiment de trahison. Même le projet le plus rassembleur ne peut taire les divisions et les divergences d'intérêts. Nul projet ne peut reposer sur des sentiments et sur l'appel à la vertu. Demander aux citoyens plus de générosité, d'attention à autrui, en particulier s'il est plus faible que soi, plus d'empathie et une solidarité spontanée est voué à l'échec s'il ne repose pas sur des instruments contraignants et, sur le très long terme, une modification de l'esprit public. Celle-ci ne peut venir que de l'exemplarité du gouvernement et du rétablissement d'un sentiment de sécurité et de confiance qui seul peut déjouer les peurs et parfois les haines qui découlent de son reflux.

L'essentiel dans un projet est d'offrir une perspective d'action à chacun. Trop souvent, un projet repose exclusivement sur les actions que l'État doit entreprendre, mais non sur celles que chacun, à sa place, peut conduire pour le pays. On oublie que l'appel célèbre de John Fitzgerald Kennedy – « avant de vous demander ce que l'Amérique peut faire pour vous, demandez-vous ce que vous pouvez faire pour l'Amérique » – était inséparable des perspectives ambitieuses qu'il traçait pour son pays. Ce n'était pas un appel abstrait à la générosité et à l'engagement, ni une manière d'inciter à la responsabilité de chacun, mais une façon d'inclure tout le monde dans un projet partagé. Bien sûr, ni Kennedy ni aucun dirigeant ne pouvait prétendre au consensus sur tout, mais il importe que le politique fixe la direction et offre une conscience de l'intérêt national en expliquant qu'il s'agit d'une œuvre collective et en indiquant ce que chacun, dans la profession qui est la sienne, peut accomplir pour y participer. Nul projet ne peut conduire à stigmatiser une catégorie de citoyens et la faire apparaître comme la perdante de l'élection.

Cela ne signifie certes pas que le président élu s'impose automatiquement, selon l'expression consacrée, comme « le président de tous les Français ». Certains ne se reconnaîtront jamais dans sa personne et ses orientations politiques. Mais il devra assigner des perspectives positives à tous, en levant le sentiment de suspicion que pourrait éprouver telle catégorie. Dans les processus de réforme concrets, tels que les conduisent les ministres et les fonctionnaires de direction, cette dimension de confiance en même temps que l'existence d'une feuille de route précise devront être la règle. Nul projet ne peut réussir s'il mène, dans son application, à témoigner d'une forme de dédain ou de défiance envers une catégorie, qu'il s'agisse des magistrats, des fonctionnaires, des chefs d'entreprise, des enseignants, des chômeurs, des médecins, des forces de l'ordre ou des populations issues de l'immigration. Cela ne signifie pas que chacune de ces catégories devra exercer son métier « comme avant ». Mais cela ne saurait non plus impliquer qu'on assigne à ces professions ou à ces groupes seulement des contraintes, qu'on les enferme d'abord dans des contrôles – même s'ils doivent exister – et qu'on leur impose d'en haut des obligations dont ils n'auraient pas discuté. Ils devront se sentir soutenus et percevoir en quoi ils peuvent agir pour la nation.

Là où doit être le président nouveau

La question de la position du futur président n'est ni une question de pure communication, ni un problème lié à l'arithmétique des forces politiques. Certes, il lui faudra communiquer « comme un président », c'est-à-dire une personne qui dispose d'une faculté d'assumer un projet qui porte loin, et non comme un chef de parti, l'homme d'un camp ou quelqu'un qui « réagit » et se déporte en permanence vers un comportement de vindicte et d'agression. Il ne peut porter ni un discours de dénonciation d'une catégorie, ni un propos qui viserait à les cajoler toutes. Il devra certes, selon la rhétorique classique, « rassembler », mais cela ne signifie pas adopter une posture de « ni ni » ou de réconciliation entre des contraires. Il lui faudra endosser des choix qui peuvent bousculer et susciter des polémiques. Mais ces contraintes ne définissent pas une stratégie.

La principale difficulté pour un homme politique d'envergure, qui se retrouve dans la gestion de l'agenda présidentiel, est de se montrer capable d'assumer simultanément quatre dimensions et de veiller à ce que son équipe soit apte à les tenir ensemble. La première est celle de l'action internationale. C'est la dimension majeure de son action. Non seulement il faut que le futur président soit « présentable », c'est-à-dire qu'il soit capable de parler d'égal à égal aux principaux dirigeants mondiaux, qu'il ait la faculté de comprendre les données essentielles de l'évolution du monde et qu'il ait la subtilité pour mener des discussions avec des leaders qui ont, pour une partie d'entre eux, cette expérience. Son image nationale ne saurait conduire à obérer celle qu'il pourra avoir à l'extérieur. Il devra avoir l'intelligence, mélange d'intuition et de connaissance, et la force intérieure qui lui permettront de gérer les crises mondiales les plus graves.

La deuxième dimension est celle de la justice. Dire que le président doit être juste peut apparaître comme une pétition de principe doublée d'un truisme constitutionnel : somme toute, l'article 5 de la Constitution qui fait du président un garant comporte cette dimension. Une telle obligation doit toutefois être entendue dans un sens large : la justice ainsi désignée est à la fois celle du personnage institutionnel qui veille à ce que la justice soit rendue et qu'elle le soit de manière égale pour tous, celle de celui à qui le dépôt de l'État a été confié et qui doit veiller à son impartialité absolue, tant dans l'exercice des nominations auxquelles il procède que dans la conduite de son action quotidienne, celle enfin auquel il peut être fait appel lorsqu'une injustice a été commise et qui doit tout faire pour la réparer. De manière négative, si le président, dans son action et dans son discours, ne fait pas preuve de justice, non seulement il ne remplit pas son rôle constitutionnel, mais il perd ce qui fonde sa légitimité aux yeux du peuple. L'atteinte, au sens propre l'*injure*, qu'il commet constitue un péché capital et la « corruption » de son rôle ne peut qu'entraîner celle de tous ceux qui dépendent de lui. Il crée un désordre essentiel dans le système dont il est censé garantir le juste ordonnancement.

Ce sens de la justice qu'on attend du candidat à la magistrature suprême ne concerne pas seulement son irréprochabilité personnelle – personne ne peut blâmer la sensibilité des citoyens en ce domaine –, mais aussi une forme de compassion qu'on attend de lui envers ceux qui souffrent de l'injustice. En évoquant le pouvoir qui devait être le sien de correcteur des situations d'injustice, nous désignons également une proximité qu'il devra entretenir avec la perception de l'injustice par ses concitoyens. Car l'injustice est la chose la plus intolérable qui soit dans la vie d'un individu comme au sein d'une société. Quand le président est suspecté de la favoriser ou de la protéger, il commet aux yeux de son peuple une suprême trahison.

La troisième dimension est liée à la compréhension de la société et à la faculté d'empathie avec les malheurs qui peuvent frapper les couches les plus fragiles. Certes, ces qualités sont nouées au sens de la justice. Elles ne sauraient comporter aucune sensiblerie. Il s'agit d'une faculté intellectuelle qui consiste à se forger, par ouverture de l'esprit plus que du cœur, une image juste du monde. Cela ne signifie ni voir le monde du seul point de vue d'en bas, ni n'agir dans la société qu'en fonction des plus pauvres, encore moins épouser systématiquement le point de vue le plus apparemment populaire et désigner à la vindicte les plus riches ou les meilleurs, mais comprendre que nulle société ne peut prospérer si une partie significative de ses habitants demeurent ou glissent à la marge. Un président qui ne considérerait pas que la pauvreté, mais aussi une forme d'indigence de la culture et de la pensée, constituent les maux les plus graves ne pourra *ipso facto* concevoir un projet de transformation pour le pays, car c'est de là qu'il part.

Cette position induit un comportement non seulement dans le discours et dans l'action, mais aussi dans sa manière d'être dans la société. Il ne s'agit pas de réclamer une attitude factice, même si une forme de simplicité sans affectation ni vulgarité témoigne de qualités personnelles. L'essentiel pour le futur président est qu'il se donne les moyens de comprendre la société dans laquelle il vit, mais surtout qu'il sache utiliser des réseaux de connaissances diversifiés comme autant de capteurs sociaux. S'il lui faut disposer de conseils prompts à le prévenir des signes de désespoir social comme parfois de haine, il lui faut être capable de sentir par lui-même, mieux que ce que ses conseillers sont susceptibles de lui amener.

Enfin, la quatrième dimension, d'ordre plus personnel, est issue de l'équilibre subtil entre la sûreté de ses convictions et le doute qui doit parallèlement l'habiter. Si une idée directrice de ce qu'il veut faire lui manque, il reculera à la première tempête, tergiversera et changera de position au gré des humeurs de l'opinion et des foucades ou des intérêts personnels de ses proches. Non seulement il doit se forger une vision de ce qu'il doit accomplir, mais il lui faut l'avoir exprimée dès le début de sa campagne. Si le doute fait défaut, il ne saura pas percevoir le réel, s'adapter aux passions qui agitent toujours le peuple autant que les élites, comprendre les mouvements que sa personne suscite et apprendre au contact de la nouveauté. Le doute est le moteur premier de l'action dès lors que la volonté la guide. L'essentiel pour le président est qu'il se donne les moyens concrets d'entretenir son propre doute. Les pires dirigeants ont, leçon ancienne, toujours été ceux qui n'ont pas chassé les cours mais les ont renforcées, entretenues et achetées. Le président doit cultiver une force d'âme qui le pousse à chercher les contradicteurs et les critiques et non les laudateurs et les flatteurs. Un bon dirigeant est celui qui attire auprès de lui les plus forts qu'il ne l'est, ceux qui lui tiendront tête et qui seront ses amis d'autant plus fidèles qu'ils ne tairont ni les reproches ni les mises en garde, et qui se tiendront bien là lors des moments les plus durs. Lorsqu'un président s'entoure d'esprits faibles et vulgaires, d'intrigants et d'affidés, leur médiocrité l'atteint et le révèle. Quand le président laisse rayonner ses proches conseillers de leur propre éclat, lorsqu'il reconnaît ce qu'il leur doit et permet à l'opinion de les admirer autant que lui, sa propre lumière s'accroît.

Ce qu'il doit faire

Nous ne saurions énoncer ici le programme du futur président. Le détail de l'action relèverait d'un autre exercice. Il ne saurait être analogue suivant l'orientation politique du candidat, car nous ne pouvons échapper à la division entre la gauche et la droite, quel que soit le souhait d'une partie des électeurs de la dépasser sur des questions primordiales. Il est toutefois un socle que tout président responsable, et qui prend en compte les règles et les valeurs qui viennent d'être énoncées, doit être capable de faire sien. Ce socle correspond à ce qu'on appelait « l'intérêt supérieur du pays » et qui concerne autant les affaires extérieures que les questions intérieures. Il peut s'énoncer, après le rappel des principes de base qui ont été soulignés, autour de quatre axes fondamentaux.

Le premier concerne le rapport au monde. L'ouverture de la France sur l'extérieur, ce qui signifie à la fois sa curiosité et son intérêt, d'un côté, et sa compréhension de la nécessité de se mesurer à lui, dans les deux sens du terme, de l'autre, doit devenir le principe fédérateur du projet national. Cela exige que la France soit indissociablement une nation ouverte et une nation métaphoriquement conquérante. Ouverte, cela signifie qu'elle doit être capable d'accueillir les talents et les pensées venus d'ailleurs en ouvrant plus ses universités et ses grandes écoles à des enseignants, des chercheurs et des étudiants du monde, ainsi que ses entreprises et, pour partie, sa fonction publique. Il lui faut se donner les moyens de connaître davantage les pensées qui se forment ailleurs, en se façonnant les instruments d'accès élargi aux œuvres majeures et aux idées contemporaines nées en d'autres contrées. Conquérante, cela veut dire qu'elle doit non seulement s'organiser pour se positionner sur les marchés extérieurs, et ce sur une autre échelle qu'aujourd'hui, car ses insuffisances en ce domaine, comparativement à d'autres pays européens, se payent cher en termes de croissance et d'emplois, mais aussi être plus présente dans les lieux de pensée mondiaux et se doter d'une stratégie extérieure de long terme dans les principaux pays du monde. Donner corps à cette politique devra être la priorité du prochain quinquennat.

La deuxième orientation a trait à l'esprit de liberté. La France est un pays démocratique, même si sa démocratie est perfectible. Elle est un pays où l'on peut s'exprimer librement. Pourtant, c'est un pays où l'esprit de liberté peut être menacé. Il ne s'agit pas essentiellement ici de libertés publiques, quand même la vigilance envers les atteintes qui peuvent leur être portées doit être permanente, mais d'exercice concret de sa liberté individuelle. Cette liberté est nouée à la création, à l'invention et, prosaïquement, à l'amélioration du travail effectué par chacun. Ce « plan pour la liberté » passe par l'attitude de confiance du président et de son gouvernement envers chaque catégorie, mais aussi par des mesures et des orientations concrètes. La première concerne l'école, dans laquelle il faut organiser une reconquête des disciplines qui renforcent la liberté de jugement et l'esprit critique. Nous avons besoin de susciter cette inventivité et cette distance non seulement pour fabriquer des citoyens libres, des personnes non soumises aux modes et aux passions sociales, mais aussi pour créer des professionnels susceptibles d'innover et d'acquérir une pensée stratégique. Cette éducation de base, qui concerne les enseignements primaire et secondaire, doit se poursuivre à l'université, autant que dans les grandes écoles, où les travaux de recherche doivent être favorisés par rapport aux exercices de reproduction du savoir. Attirer les meilleurs scientifiques vers la recherche plutôt que vers l'administration où ils sont souvent bons mais interchangeables doit devenir une cause d'intérêt national. Il faut encore que cet esprit de liberté se retrouve dans la fonction publique, où l'expression d'une pensée libre doit être recherchée et valorisée à tous les niveaux.

La troisième direction est nouée à l'exigence de dignité et de décence. Pour beaucoup elles sont liées à l'égalité. Mais outre que ce dernier terme est politiquement chargé et reçu différemment par chacun des bords de l'échiquier politique, il n'exprime qu'imparfaitement ce qui est énoncé ici et qui peut concerner chacun. Ces deux termes peuvent être conçus à partir de deux points de vue adverses. Selon le premier, cette exigence désigne une vie digne et décente pour ceux qui en sont privés : ceux qui n'ont pas de logements ou vivent dans des conditions précaires et misérables, ceux qui s'affrontent aux difficultés de la vie quotidienne comme les personnes handicapées – auxquelles les transports en commun sont à peu près interdits à Paris –, ceux qui pâtissent régulièrement de discriminations, ceux qui subissent la violence, d'où qu'elle provienne, ceux qui ne travaillent pas dans des conditions de dignité et de respect – depuis les employés de supermarché de qui l'on exige de faire des horaires distordus mais souvent globalement raccourcis jusqu'aux enseignants qu'on envoie au casse-pipe dans des classes infernales –, tous ceux qui subissent l'arbitraire, quelle qu'en soit l'origine. Le nouveau président devrait identifier la cause de ces indignités multiples et s'engager à y apporter une solution au cours de son mandat.

L'indignité et l'indécence ont aussi une autre signification : elle désigne des comportements indignes et indécents de la part d'une partie des élites. Certains estiment démagogique, voire « populiste », d'y faire référence, alors que c'est le fondement oublié de la République, dans ce que ses principes ont de plus incontestable. Il est heureux que l'opinion y soit de plus en plus sensible. Rétablir la dignité et la décence des classes dirigeantes doit être un engagement du futur président, pour lui et son équipe en premier lieu. Un gouvernement doit faire preuve d'une austérité républicaine, y compris en termes de rémunérations et d'avantages. Ces principes guident les nominations dont l'impartialité doit être garantie et les avantages liés aux fonctions, qui doivent être calculés en fonction du travail effectué et non de la position occupée. La proposition d'un parti politique de limiter les rémunérations des dirigeants d'entreprises publiques va dans le bon sens. Qui pourra « décemment » prétendre qu'une rémunération de 25 000 ou 30 000 euros par mois est insuffisante, sinon ceux qui ont perdu le sens commun ? Pour les rémunérations de base du secteur privé, sur lesquelles la prise des autorités publiques est moindre, ce qu'une certaine dignité et une certaine décence ne pourront obtenir devra être atteint par la taxation, de même que la réglementation devra veiller à ce que certains dirigeants n'expatrient pas leurs rémunérations vers des pays tiers. Autant, pourvu qu'il n'y ait pas manœuvre frauduleuse et atteinte à la libre concurrence, nul ne peut condamner les rémunérations élevées des investisseurs qui prennent des risques, des inventeurs et des créateurs – même s'il faut instituer des incitations plus fortes à ce que ces sommes puissent être investies dans des activités d'intérêt commun, caritatives ou intellectuelles –, autant des rémunérations dépassant le « bon goût » de personnes recrutées d'abord comme *managers* n'obéissent à aucune justification économique et détruisent le sens de la communauté.

Reste une quatrième dimension qui a trait à la pratique des institutions. Au-delà d'une éventuelle réforme des institutions, le système d'élection français fait du président un personnage à la fois complet et contradictoire : il dispose en même temps du pouvoir et de l'autorité, qui sont traditionnellement séparés. Les citoyens attendent de lui à la fois qu'il agisse conformément au pouvoir qui lui a été confié et qu'il fasse montre d'une autorité naturelle qui s'impose à lui-même, constituant ainsi une limite à ce pouvoir, comme aux autres institutions. Les considérations qui ont précédé sur les principes et les valeurs qu'il devait illustrer et sur les directions de son action ont pu faire alternativement référence à l'une ou à l'autre de ces dimensions. L'autorité lui intime l'ordre d'être exemplaire et de veiller à ce que les institutions le soient. Le pouvoir lui enjoint d'agir et d'être le responsable ultime de la mise en œuvre de ce qu'il aura décidé. Imaginer qu'il puisse se dégager des considérations d'intendance relève de l'illusion et d'une méconnaissance de l'action gouvernementale, parfois oubliés, qui entrelacent la décision et son exécution.

Cette double charge du chef de l'État rendrait insupportable un exercice de ce qui relève de la dimension du pouvoir sans contrepoids solides. C'est une nécessité à la fois démocratique et intellectuelle. Sur le plan démocratique, toute concentration du pouvoir est intolérable et à raison suspectée de se prêter à de multiples abus. Le renforcement du pouvoir d'un Parlement, dont les membres ne pourraient avoir que cette tâche unique, de contrôle de l'action du gouvernement, de proposition et de contre-expertise à l'occasion du vote des lois et au-delà, est une nécessité. Il est indispensable que la magistrature, y compris le parquet, voie son indépendance accrue par rapport au gouvernement. La création d'une commission indépendante et transparente, chargée de proposer les nominations de fonctionnaires les plus importants au gouvernement, y compris pour les « tours extérieurs » dans les corps de contrôle et d'inspection, serait une garantie. Il en faudra encore d'autres, quitte à revoir la Constitution – notamment pour la nomination des membres du Conseil constitutionnel.

Mais l'existence d'un contrepoids correspond également à une exigence intellectuelle. Au sein de l'équipe présidentielle, mais aussi en celui de l'administration et dans les institutions qui devraient être créées auprès du Parlement, le président a besoin d'instances de conseil à la fois plus étoffées et plus diversifiées. Nous souffrons aujourd'hui d'un manque d'institutions présidentielles et celles placées auprès du Premier ministre sont affaiblies ou sans prise directe sur les affaires dont le gouvernement a la charge. Comme nous l'avons évoqué, dans le domaine international, sur les questions de société, en matière de prospective stratégique et pour la préparation et le suivi des réformes, l'absence de telles institutions a affaibli le pouvoir. Cette priorité est moins visible que les trois premières, mais elle participe d'un autre mode d'exercice du pouvoir.

Si l'on met bout à bout ces orientations, ces valeurs et ces grands axes d'action, tout sera réuni pour créer un espoir crédible de sortir du malheur français. Ces quelques axes suffisent à nourrir un projet ambitieux pour au moins deux mandats. Un nouveau leader sera-t-il capable d'incarner un tel projet ? Chacun comprendra qu'ici je n'apporte pas de réponse.

TABLE

DU MÊME AUTEUR

OUVRAGES

La Région en quête d'avenir, La Documentation française, « Notes et Études documentaires », 1986

La Crise africaine : quelle politique de coopération pour la France ?, avec Franck Magnard, PUF, 1988

Un projet éducatif pour la France (dir.), PUF, 1989

La Société dépolitisée. Essai sur les fondements de la politique, PUF, 1990

La Politique, PUF, « Que sais-je ? », 1991 ; 2ᵉ éd., 1993

Le Spermatozoïde hors la loi. De la bioéthique à la biopolitique, avec Franck Magnard, Calmann-Lévy, 1991

Les Élites et la fin de la démocratie française, avec Rodolphe Delacroix, PUF, 1992

La République, PUF, « Que sais-je ? », 1993

Philosophie politique, PUF, « Premier cycle », 1994 ; 2ᵉ éd., 1998

Histoire des doctrines politiques en France, PUF, « Que sais-je ? », 1996

Le Tombeau de Machiavel. De la corruption intellectuelle de la politique, Flammarion, 1997

La Face cachée du gaullisme. De Gaulle ou l'introuvable tradition politique, Hachette Littératures, 1998

Les Valeurs des Modernes. Réflexions sur l'écroulement politique du nouveau siècle, Flammarion, 2003

France : la réforme impossible ?, Flammarion, 2004

De l'esprit de décision. Pour sortir de l'approximation politique, dialogue avec Michel de Fabiani, conduit par Laëtitia Van Eeckhout, Gualino éditeur, 2006

Faut-il sauver le libéralisme ?, avec Monique Canto-Sperber, Grasset, 2006

Pour une nouvelle philosophie politique. De la philosophie à l'action, et retour I, PUF, 2007

Quand la France disparaît du monde, Grasset, 2008.

Le Monde à l'horizon 2030. La règle et le désordre, Perrin, 2011

RAPPORTS OFFICIELS

Fonctions publiques : enjeux et stratégie pour le renouvellement, avec Bernard Cieutat, La Documentation française, 2000

Organiser la politique européenne et internationale de la France, avec Jacques Lanxade, La Documentation française, 2002

L'expertise internationale au cœur de la diplomatie et de la coopération au XXIe siècle. Instruments pour une stratégie française de puissance et d'influence, mai 2008, en ligne sur http://www.ladocumentationfrancaise.fr/rapports-publics/ 084000476/index.shtml

DANS LA MÊME COLLECTION

François Heisbourg, Après Al Qaida. La nouvelle génération du terrorisme, *2009.*

Denis Labayle, Pitié pour les hommes. L'euthanasie : le droit ultime, *2009.*

Jean Birnbaum, Les Maoccidents. Un néoconservatisme à la française, *2009.*

Nicolas Offenstadt, L'Histoire bling-bling. Le retour du roman national, *2009.*

Florence Noiville, J'ai fait HEC et je m'en excuse, *2009.*

Thomas Legrand, Ce n'est rien qu'un président qui nous fait perdre du temps, *2010.*

François Heisbourg, Vainqueurs et vaincus. Lendemains de crise, *2010.*

Sylvestre Huet, L'Imposteur, c'est lui. Réponse à Claude Allègre, *2010.*

Anne-Marie Thiesse, Faire les Français. Quelle identité nationale ?, *2010.*

Martin Hirsch, Pour en finir avec les conflits d'intérêts, *2010.*

Christian Charrière-Bournazel, La Rage sécuritaire. Une dérive française, *2011.*

Martin Hirsch, Sécu : Objectif monde. Le défi universel de la protection sociale, *2011.*

Pour l'éditeur, le principe est d'utiliser des papiers composés de fibres naturelles, renouvelables, recyclables et fabriquées à partir de bois issus de forêts qui adoptent un système d'aménagement durable.

En outre, l'éditeur attend de ses fournisseurs de papier qu'ils s'inscrivent dans une démarche de certification environnementale reconnue.